Ole Giec / Frank Willmann (Hg.)
Mauerkrieger
Aktionen gegen die Mauer in West-Berlin 1989

VERÖFFENTLICHUNGEN DER STIFTUNG BERLINER MAUER

Ole Giec / Frank Willmann (Hg.)

Mauerkrieger

Aktionen gegen die Mauer in West-Berlin 1989

Ch. Links Verlag, Berlin

Editorische Notiz: Die Schreibweise in Zitaten folgt dem Original. Offensichtliche Rechtschreibfehler wurden stillschweigend korrigiert.

Die Deutsche Nationalbibliothek verzeichnet diese Publikation in der Deutschen Nationalbibliografie; detaillierte bibliografische Daten sind im Internet über www.dnb.de abrufbar.

1. Auflage, Februar 2014
© Christoph Links Verlag GmbH
Schönhauser Allee 36, 10435 Berlin, Tel.: (030) 44 02 32-0
www.christoph-links-verlag.de; mail@christoph-links-verlag.de
Lektorat: Dr. Kay Kufeke, Margret Kowalke-Paz
Reihenlayout: Michael Uszinski, Berlin
Umschlaggestaltung unter Verwendung eines Fotos vom Grenzstreifen an der Kiefholzstraße während eines Brandanschlags mit einem Molotow-Cocktail am 17. 6. 1989 (Privatarchiv Raik Adam)
Satz: typegerecht, Berlin
Druck und Bindung: Bosch-Druck GmbH, Landshut

ISBN 978-3-86153-788-5

Inhalt

Vorwort   7

Ole Giec / Frank Willmann
Leben jenseits der Norm

    Halle an der Saale   10
    Vier Schulfreunde, ein Traum   14
    Ordnung und Kontrolle   18

    Interview mit Dirk Mecklenbeck   20

    Zwei Schulfreunde und der Heavy Metal   26
    Zwei Schulfreunde und der Punk   30
    Freiheit   33

    Interview mit Andreas Adam   36

    Repressalien und Verzweiflung   40
    Die nächste Generation   47

    Interview mit Heiko Bartsch   51

    Hendrik Rosenberg: Heavy Metal in der DDR   54

Ausgereist nach West-Berlin

    Ankunft   60
    Politisierung   63
    Kontakte und Kontrollen   66
    Politische Aktionen in West-Berlin   70

    Interview mit Andreas D.   72

    Radikalisierung   75

Nachbemerkung	89
Interview mit Raik Adam	90
Dietmar Bartz: Die Mauer, die Ausgereisten und die linksradikale Szene in West-Berlin	100
Keith D. Alexander: Die DDR aus Sicht der West-Berliner Alternativen Liste	106
Ilko-Sascha Kowalczuk: Die Internationale Gesellschaft für Menschenrechte (IGFM) und das Ministerium für Staatssicherheit	113
Tom Sello: Die Reaktionen in der DDR auf das Massaker in Peking	119

Anhang

Zeitzeugen	126
Literatur	126
Quellennachweis	126
Bildnachweis	127
Autoren	128

Vorwort

Das vorliegende Buch beschäftigt sich mit dem nicht untypischen Lebenslauf von Jugendlichen aus Halle, die aufgrund der für sie unerträglichen Lebensverhältnisse in der DDR in den 1980er Jahren nach West-Berlin ausreisen. Am Anfang stand die Vorliebe für harte Rockmusik, für Heavy Metal, der die Jugendlichen zu Außenseitern machte. Lederjacken und lange Haare waren von der auf Konformismus zielenden, spießigen SED-Führung nicht gern gesehen. Das Anderssein und die Suche nach einem Raum dafür wurden zum Politikum, obwohl die Metal-Szene nicht gerade als politisch oder gar oppositionell bezeichnet werden kann. Ole Giec und Frank Willmann schildern die Entwicklung von sechs Jugendlichen, deren Weg über die Musik in den Konflikt mit dem SED-Staat führte. Der Kontrollwille der SED und der staatlichen »Organe«, die Bespitzelung und Verfolgung machten die Jugendlichen schließlich erst zu bewussten und entschiedenen Gegnern des Systems. Weil sie keine Perspektive für ihr Leben sahen, trieben sie die Ausreise aus der DDR voran.

Die Kriminalisierung nicht genehmer Lebensmodelle oder auch nur abweichenden Verhaltens von Jugendlichen, die Punk- oder Hardrock-Musik hörten und Lederkleidung trugen, war ein Kennzeichen des SED-Staates. Bis hierhin also nichts Neues, so könnte man meinen. Doch die Geschichte der Jugendlichen führt nach der Ausreise aus der DDR weiter. Im West-Berlin der 1980er Jahre ist das Interesse für die Vorgänge dort gering. Auch in der Kreuzberger autonomen Szene, in der sich einige Ausreiser nun bewegen, kümmert man sich nicht um das, was hinter der Mauer im Ostteil der Stadt und in der DDR vor sich geht. Es bleibt Einzelnen, z. B. dem ausgewiesenen Roland Jahn, überlassen, von West-Berlin aus die Opposition in der DDR zu unterstützen und im Westen über deren Aktivitäten und ihre Verfolgung durch die DDR-Behörden zu berichten. Die zunehmende Stärke der Opposition in der DDR führt zumindest bei einigen im Westen, wie bei Aktivisten der Grünen, zu Aufmerksamkeit und auch Unterstützung. Doch insgesamt finden die Versuche, auf die Repression jenseits der Berliner Mauer zu verweisen und dagegen zu protestieren, wenig Beachtung. Jahrzehnte der Teilung und die zwar nicht formelle, aber doch faktische Anerkennung der DDR durch die Bundesrepublik haben dazu geführt, sich mit den für unveränderbar angesehenen Realitäten zu arrangieren.

Vor dem Hintergrund dieser Erfahrungen und angesichts einer sich ab Frühjahr 1989 zuspitzenden Krisensituation beschließen vier der ausgereisten Jugendlichen aus Halle, die Mauer nun physisch anzugreifen. Sie wollen nicht mehr nur Flugblätter verteilen oder demonstrieren, sondern gewaltsam gegen die Grenzanlagen vorgehen. Die Billigung des Massakers auf dem Platz des Himmlischen Friedens in Peking am 3. und 4. Juni 1989 durch hochrangige SED-Funktionäre, bei dem aus einer studentischen Protestbewegung schnell ein Volksaufstand gegen die herrschende chinesische KP wurde, erscheint ihnen Bedrohung genug, um Bolzenschneider und dann auch Molotow-Cocktails gegen Grenzzaun und Betonmauer einzusetzen.

Während die Geschichte der Jugendbewegungen in der DDR der 1980er Jahre inzwischen weit erforscht ist, hat der West-Berliner Teil der Mauergeschichte – besonders von (gewaltsamen) Aktionen gegen die Mauer – bisher deutlich weniger Aufmerksamkeit erfahren. Ausgehend von den Ereignissen um die jugendlichen Ausreiser aus Halle soll dieser nun im vorliegenden Buch erzählt werden. Die Schilderung der beiden Herausgeber Ole Giec und Frank Willmann folgt dabei einem bewährten Muster: Der erzählende Text wird kommentiert und ergänzt durch Interviews mit den Akteuren von damals. In kurzen Sachtexten werden die politischen Hintergründe der 1980er Jahre beleuchtet. Dazu gehört die Geschichte des Heavy Metals in der DDR (H. Rosenberg) ebenso wie eine Beschreibung der autonomen Szene in Kreuzberg (D. Bartz). Die Reaktion der DDR-Opposition auf das Massaker am Platz des Himmlischen Friedens und die Drohung einer »chinesischen Lösung« 1989 (T. Sello) werden thematisiert wie auch die zwiespältige Haltung der West-Berliner Alternativen Liste (AL) zu Repression und Opposition jenseits der Mauer (K. Alexander). Thema sind darüber hinaus die Aktivitäten der West-Berliner Gruppe der Internationalen Gesellschaft für Menschenrechte, die mit Demonstrationen und Aktionen gegen das SED-Regime hervortrat und in deren Umfeld sich einige der Hallenser Jugendlichen bewegten (I.-S. Kowalczuk). Aus der Kombination aller dieser Aspekte ergibt sich schließlich nicht nur eine »spannende Geschichte« von Heavy Metal und Ausreise, sondern auch eine von Gewöhnung an und Protest gegen die Mauer, eine Geschichte von Unterstützung der Opposition im Osten und Bespitzelung durch das MfS im Westen. All die hier in kurzen Sachtexten beschriebenen Geschehnisse zeigen auf, wie weitgehend »die Mauer« auch in die West-Berliner Politik und Gesellschaft hineinwirkte und wie differenziert die Geschichte der Mauer betrachtet werden muss.

Die Absicht des vorliegenden Bandes ist es, ausgehend vom einzelnen Fall die weitreichenden gesellschaftlichen Folgen von Reiseverbot und Mauer nicht nur in der DDR, sondern auch in West-Berlin sichtbar zu machen. Dabei kann diese Schilderung nur Schlaglichter auf einen Themenbereich werfen, den es weiter zu erforschen gilt.

Dank für die unerlässliche Hilfe bei einem solchen Projekt möchte die Stiftung Berliner Mauer vor allem den Protagonisten und Zeitzeugen sagen, die bereit waren, Einblicke in ihre Biografien zu geben und Gründe für ihr damaliges Tun aufzuzeigen. Den Autoren Ole Giec und Frank Willmann gebührt Dank dafür, dass sie den »Plot« entdeckt und die Geschichte der Protagonisten aufgeschrieben haben. Für die Beratung bei der konzeptionellen Diskussion geht der Dank an Tom Sello und Olaf Weißbach von der Robert-Havemann-Gesellschaft. Unabdingbar – wie so oft – war die finanzielle Unterstützung des Vorhabens durch die Bundesstiftung zur Aufarbeitung der SED-Diktatur, für die wir ebenfalls herzlich danken. Dank auch an den Ch. Links Verlag und seine Mitarbeiter, insbesondere an die Lektorin Margret Kowalke-Paz.

Berlin, Oktober 2013
Dr. Kay Kufeke

Ole Giec / Frank Willmann

Leben jenseits der Norm

Halle an der Saale

Eine gute Filmkulisse hätte Halle in den 1980er Jahren abgeben können, trostlos und in Schwarzweiß. Die Abgase der Zweitaktmotoren hingen in der Luft, im Winter der schwere Geruch der Kohleöfen. Die Saale türmte übelriechende Schaumkronen auf. Wenn der Wind die Ausdünstungen des Chemiekombinats Buna in die Stadt wehte, schlossen die Menschen die Fenster. Atemwegserkrankungen hatten Hochkonjunktur, Allergien machten die Runde. Schimmel und Schwamm saßen in den historischen Gemäuern der Altstadt, in denen ein Bad und warmes Wasser als Besonderheiten galten. Industrieanlagen überschütteten die Stadt mit Schmutz. Was seit dem Ende des Zweiten Weltkrieges grau geworden war, wurde Anfang der 1980er Jahre schwarz und verfiel. Helfen konnte und wollte niemand. Georg Friedrich Händel war tot, Hans-Dietrich Genscher saß als westdeutscher Außenminister in Bonn, Tausende Lichtjahre entfernt, und von den maroden Häusern fiel der Putz auf die Passanten. Die Sanierung der Altstadt scheiterte aus wirtschaftlichen und ideologischen Gründen. Symbole der bürgerlichen Ordnung wurden gezielt dem Untergang preisgegeben. Stattdessen wuchs vor der Stadt ein sozialistischer Koloss aus dem Boden. Über 90 000 Menschen wohnten in Halle-Neustadt, in »Schlafsilos«, »Arbeiterschließfächern« inmitten von viel Beton und wenig Grün. Statt Straßennamen gab es Nummern. Vereinheitlichung statt Individualität galt als Direktive. Alkoholismus war weit verbreitet, die Selbstmordrate überdurchschnittlich hoch.

Touristen machten einen großen Bogen um Halle. Nur zu Zeiten der Händel-Festspiele kam ein wenig Glanz in die Stadt. Auf die über 1000-jährige Geschichte, in der Halle als Residenz- und Hansestadt im Mittelalter und in der Reformationszeit eine wichtige Rolle gespielt hatte, wurde aus ideologischen Gründen kaum verwiesen. Die »Flamme der Revolution«, eine überdimensionierte Skulptur, und die Errungenschaften des Proletariats waren wichtiger als die Vergangenheit.

Was im Westen als selbstverständlich galt, war in der DDR verboten. Kritik wurde genauso unterbunden wie eine eigene Meinung. Für die Menschen galt daher: Nichts hören, nichts sehen, nichts sagen. Wer aufmuckt, bekommt Probleme. Schlimmstenfalls landete man im »Roten Ochsen«, dem berüchtigten Hallenser Knast. Die Schulen waren von kommunistischen Lehrern und ihren Helfern dominiert, Parteibücher sagten, wer Recht hatte und wer nicht. Auf dem Weg zum Abitur half eine Mitgliedschaft in der FDJ, der Jugendorganisation der SED; der Studienplatz konnte durch eine Verpflichtung zum dreijährigen Armeedienst gesichert werden – egal, welche intellektuellen Voraussetzungen vorhanden waren.

Die meisten Menschen stimmten ein in das von oben verordnete Hohelied auf die Partei. Nickten, wo genickt werden sollte, jubelten, wenn es verlangt wurde. Sie hatten sich eingerichtet, versuchten, sich durchzuwursteln. Irgendwie. An Veränderungen glaubte niemand. Am Nationalfeiertag hängten sie rote Fahnen aus den Fenstern, bereitwillig schlossen sie sich Organisationen wie der Gesellschaft für Deutsch-Sowjetische Freundschaft an. Wer das FDJ-Abzeichen »Für gutes Wissen« erhalten wollte, musste ein gutes Gedächtnis haben. Mit Gold wurde belohnt, wer die vorgestanzten Phrasen mundgerecht wiedergeben konnte. Paramilitärische Betriebskampfgruppen probten in ihren Fabriken die Verteidigung des Volkseigentums. Jugendliche übten in der vormilitärischen Ausbildung den Handgranatenweitwurf und versuchten sich im Schießen. Man schlief in Baracken und paradierte uniformiert und im Gleichschritt. Alles für die Heimat, alles für den Sozialismus, gegen die imperialistischen Aggressoren.

Etwaige Träume vom Westen endeten an der Mauer. Wer dennoch einen Blick wagen wollte, heimlich und privat, hielt sich an ARD und ZDF. Das Fernsehen strahlte seine Botschaft von Freiheit und Demokratie tief in den Osten aus. Während sich der eine Teil der Deutschen zum Reiseweltmeister aufschwang, blieben dem anderen der Thüringer Wald oder Usedom – wenn Geld und ein parteikonformer Lebenslauf vorhanden waren, Bulgarien oder Ungarn. Aber die Sehnsüchte wuchsen im gleichen Maße wie der Mangel. Die Kinos waren voll, wenn westliche Filme liefen. Bei eigenen Produktionen dagegen schwanden die Zuschauerzahlen. Der sozialistische Realismus war den Menschen zu realistisch.

Der Begriff »Gerüchteküche« erreichte in der Mangelgesellschaft DDR neue, nie geahnte Bedeutung. Obwohl private Telefone rar waren, wusste am nächsten Tag jeder Bescheid. Achtung! Achtung! Die Butter wird knapp. Ebenso wird es an Eiern fehlen. Und neue Bettwäsche? Gebt euch da keinerlei Illusionen hin, die wird es überhaupt nicht mehr geben. Es kam zu Hamsterkäufen, und die langen Schlangen vor den Läden wurden noch länger. Ob die Gerüchte der Wahrheit entsprachen oder nicht, war nicht relevant. Die Menschen kannten ihr Land, sie wollten auf alle Eventualitäten vorbereitet sein. Die Tauschgeschäfte blühten, und das Märchen von »Hans im Glück« wurde täglich nachgelebt: Bulgarische Pfirsiche verwandelten sich in verchromte Wasserhähne, über die kam man an seltenen Autolack, der wiederum gegen Klinkersteine eingetauscht wurde. Der Eigenheimbau konnte nach Jahren der Materialsuche endlich beginnen.

Viele versuchten – um es mit proletarischem Feinsinn zu sagen –, mit dem Arsch an die Wand zu kommen. Neuwagenzuweisungen, auf die man sonst mindestens zehn Jahre wartete, ließen sich billig kaufen,

Die Geiststraße in Halle, 1988

der Neuwagen teuer verkaufen. Man konnte mit Waren aus dem Westen handeln, privat Urlaubsquartiere anbieten – aber immer riskierte man viel. Wer sich auf »unlautere« Weise Mixel zum Lebensunterhalt verschaffte, konnte mit bis zu zwei Jahren Gefängnis bestraft werden. Besser hatte es der, der von einem Westbesucher die heimliche Währung D-Mark zugesteckt bekam. Wer nichts zu tauschen oder keine Beziehungen in die Verkaufsstellen hatte, stahl das Benötigte aus den Betrieben. Der staatlich verordnete Begriff »Volkseigentum« wurde wörtlich genommen.

In den 1980ern erhöhte das DDR-System die Anzahl der »Delikatläden«, vom spöttelnden Volk auch »Fress-Ex« genannt. Die aufkommende Inflation sollte verschleiert und der verlockenden Werbewelt des Westfernsehens etwas entgegengesetzt werden. Während im Konsum und in der Kaufhalle das Angebot spärlich war, gab es hier Ananas in Büchsen, lösliches Kakaopulver und hochwertigen Schinken. Alles schön bunt, alles schön teuer. Wem das Geld fehlte, dem blieben Kirsch-Whisky und billiges Bier. Am nächsten Tag funktionierte man wieder, konnte die vorgegebenen Pläne erfüllen, an die kaum noch jemand glaubte.

Die Innenstadt von Halle, 1988

Ebenfalls Anfang der 1980er begann so etwas wie ein Aufbruch. Die antifaschistisch geprägte Kriegsgeneration war in die Jahre gekommen, die sozialistischen Ideale ließen sich schlechter unter das junge Volk bringen. Einige wenige Jugendliche begannen, sich der Gleichmacherei zu entziehen. Sie marschierten am Nationalfeiertag nicht mit wehenden Fahnen durch die Straßen. Sie sagten nein zur Bockwurst, die anschließend als Belohnung wartete. Sie stemmten sich gegen die Verbote, die für so manchen Jugendlichen höchst willkommen sind. Provozieren dient der Selbstfindung.

In der DDR am Establishment zu rütteln, war mit Repressionen verbunden. Wer die sozialistische Ordnung störte, durch falsche Musik, Äußerlichkeiten wie »westlich-dekadente« Kleidung und/oder bunte Haare, lebte unsicher. Selbstbestimmung war nur ungern gesehen, simples Nichtstun galt als strafwürdig. Aufmüpfig zu sein, nein zu sagen, kam dem nahe. Man konnte von der Schule fliegen, den seltenen Abiturplatz oder die Lehrstelle verlieren. Auffällige Jugendliche wurden beobachtet, in Karteien des Ministeriums für Staatssicherheit (MfS) erfasst, teils von den eigenen Freunden bespitzelt. Trieben sie es in ihrem Drang nach Freiheit und Individualismus zu weit, landeten sie im Knast. Wer volljährig war und sich weigerte, an den Wahlen teilzunehmen, wurde mitunter auch persönlich zur Urne geführt. Widersetzte man sich der Begleitung, war die Zukunft verbaut.

Westliche Jeans-Marken galten als Statement gegen das System. DDR-Kreationen wie »Wisent« und »Boxer« dagegen waren nicht nur unter ästhetischen Gesichtspunkten verpönt. Sie zu tragen, entsprach einer Befürwortung der Verhältnisse – und stempelte die eigene Bevölkerung zu Menschen zweiter Klasse: Westdeutsche Bekleidungskataloge boten die Ladenhüter als billige Arbeitskleidung an.

Kassetten mit westlicher Musik wurden bis zur Unhörbarkeit kopiert, westliches Vinyl, dessen Einfuhr verboten war, zu Monatslöhnen vertrieben. War der Musikgeschmack der »Kunden«, der Hippies der DDR, noch auf Neil Young und The Doors ausgerichtet, kamen mit den Punks andere Klänge ins Spiel. Die sich ab 1980 entwickelnde Jugendkultur wandte sich ab von dem stillen Protest der ersten »System-Störer«. Es reichte ihnen nicht mehr aus, nur Musik zu hören, zu saufen und ihren Widerstand durch Passivität auszudrücken. Das Auftreten der Punks war weitaus klarer in seiner Botschaft, lauter, direkter. Ihre Erscheinung in den ostdeutschen Städten kam der Landung von Außerirdischen gleich. Die hohe »Öffentlichkeitswirksamkeit« verunsicherte die Staatssicherheit. Häufig unter Alkoholeinfluss kam es zu der als Straftat bewerteten »Herabwürdigung der gesellschaftlichen Verhältnisse in der DDR« und zur »Missachtung staatlicher Symbole«. In Halle und anderen Städten gab es eine Vielzahl an »Operativen Vorgängen«, um Kontrolle über die Punks zu erlangen, die laut, bunt und schrill ihren Platz einforderten.

Anfang der 1980er Jahre schwappten neue musikalische und politische Strömungen über die Mauer, im Jargon der Staatssicherheit »feindlich-negative Erscheinungsformen« genannt. Vermehrt tauchten jugendliche Heavy-Metal-Fans auf, schwarz gekleidete und weiß geschminkte Gruftis, schließlich die Skinheads. Sie trafen sich in Kneipen und Diskos, tranken, feierten, provozierten. Auch wenn diese Gruppen Ausdruck eines momentan »vorherrschenden Modetrends« waren, wie die Staatssicherheit erleichtert feststellte, war der aufbegehrende Individualismus in den Städten nicht mehr zu übersehen.

Buttons verschiedener Rock- und Punkbands, Lederjacke Raik Adams, 1980er Jahre

Vier Schulfreunde, ein Traum

Anders sein, anders denken, fühlen, erleben bedeutete für junge Menschen in der DDR Isolation. An jeder Schule gab es einen, wenn man Glück hatte zwei Unangepasste. An der Hallenser Polytechnischen Oberschule »Fritz Weineck« dagegen entzogen sich gleich vier dieser Flegel der Bequemlichkeit der Mitläufer. Seit Kindesbeinen miteinander befreundet, wuchsen sie am bürgerlichen Paulusviertel auf. Die Mitte der 1960er geborenen Jungs bestimmten den Ton innerhalb ihrer Klasse. Sie zerstörten heimlich die Wandzeitungen »der Roten«, wehrten sich gegen sinnentleerte Rituale und diskutierten mit den Lehrern. »Schaut aus dem Fenster ... Soll das euer Sozialismus ein?!« Mal gab es stille oder offene Sympathien, mal Ablehnung bzw. heftige Zurückweisung. Die Gruppe zu belangen, erwies sich als schwierig. Die Jungen galten als schulische Leistungsträger. Politische Agitation versandete. Mit dem Versuch, die Gründung einer Staatsbürgerkunde-AG durch den Sohn eines Volkspolizisten zu verhindern, trieben sie ihr rebellisches Verhalten auf die Spitze. Auf der Toilette stellten sie den Initiator des Projektes und ermahnten ihn deutlich. Als das nicht half, setzte es Prügel. Dieses Verhalten zog Konsequenzen nach sich: Den Schülern wurde der Beitritt in die FDJ verweigert. Nach außen zeigten sie Reue, innerlich aber jubelten sie. Sie wähnten sich auf dem richtigen Weg: Wenn sie volljährig wären, so beschlossen sie, wollten sie in die Bundesrepublik gehen.

Der Kopf der renitenten Schülergruppe war Raik Adam. Ob im evangelischen Kindergarten oder im Elternhaus: Teil seiner Erziehung war ein kritischer Blick auf die Verhältnisse in der DDR. Während die Schule Wehrsportübungen veranstaltete, war die pädagogische Ausrichtung im Kindergarten pazifistisch. Plastikindianer verschwanden im »Giftschrank«; neben den Gute-Nacht-Geschichten gab es zuhause das Abendgebet. Die Eltern erklärten ihm, was er in der Öffentlichkeit sagen durfte und was nicht. Als bei Raik Adam Asthma und Allergien auftraten, wollten die Eltern Halle verlassen. Er und sein Bruder Andreas aber weigerten sich. Sie wollten bei ihren Freunden bleiben.

Der Westen war für Raik Adam allgegenwärtig. Fernsehsendungen wie »Kontraste« und »Kennzeichen-D« waren Standard. Innerdeutsche Themen wurden mit den Eltern und den Freunden diskutiert. Dank der Westverwandtschaft gab es T-Shirts, »echte« Jeans und westliche Jugendmagazine. Mit der Pubertät begann Raiks Entdeckungsreise: Musik war für ihn das Größte. Mit 14 Jahren trug er die Haare lang, die Klamotten bunt und geflickt. Einmal in der Woche hörte er sonst verbotene Rolling-Stones-Platten: Ein Physiklehrer spielte sie im Unterricht, um im Vorbereitungsraum seinen Rausch ausschlafen zu können. Die Jugendweihe kam, das erste Geld, das erste erlaubte Besäufnis. Eine Band wurde gegründet, die Gitarre selbst gebastelt.

Jack Kerouacs Roman »On the Road« war dem Jungen wichtiger als »Das Kapital«. Die Eltern sahen die aufziehenden Probleme, ließen ihren Sohn aber gewähren. Der »Geschmack von Freiheit und Abenteuer« war verlockend. Mit 16 dann die Lehre als Sattler. Eine Haltung hatte sich herausgebildet. Es musste ein privater Betrieb sein, »bloß keine Energie für den Sozialismus verschwenden!«. Am ersten Lehrtag dudelte der Westsender Rias II im Radio der Werkstatt, eine Wandzeitung mit politischen Parolen suchte er vergeblich. Raik Adam fühlte sich bestätigt. Das Ministerium für Staatssicherheit wird später in seiner Akte festhalten, dass »A. nicht gewillt ist, ein vollwertiges Mitglied der sozialistischen Gesellschaftsordnung zu werden«. Zusammen mit den Freunden schrieb er Graffiti an Häuserwände, nachts und auf leisen Sohlen.

René Boche vor einem Zitat von Karl Marx, 1978

»Stell Dir vor, es ist Wahl und keiner geht hin«. Die Staatssicherheit ließ Geruchs- und Fußspuren nehmen, die Farbe analysieren. Vergeblich. Bald wurden Motorräder gekauft. Die Freunde wollten nicht mehr mit der Reichsbahn fahren müssen, wollten weg von der Transportpolizei und der Kontrollwut des Staates.

Heiko Bartsch kannte Raik Adam aus dem evangelischen Kindergarten. Mit der Scheidung der Eltern fiel den Großeltern eine wichtigere Rolle bei der Erziehung des Kindes zu. Der Großvater, ein ehemaliger Hallenser Unternehmer, der von der »Arbeiter-und-Bauern-Macht« zwangsenteignet worden war, prägte sein Weltbild. 1979 reisten die Großeltern in den Westen und kehrten nicht mehr nach Halle zurück. Der sowieso schon ruhige Junge wurde nun still. Er hielt sich an seine Freunde, spielte in der Band die zweite Gitarre, trug die auffälligen Klamotten, die die anderen trugen. Amerikanische Flaggen, Victory-Zeichen, gekauft auf dem Polenmarkt, waren Mutmacher, um nicht unterzugehen. 1982 begann er eine Lehre als KFZ-Schlosser, um später Berufskraftfahrer im grenzüberschreitenden Fernverkehr zu werden. Richtung Westen sollte

Die Adam-Kuckhoff-Straße in Halle, Lebensmittelpunkt der Familie Adam, 1988

es gehen, für immer. Doch die Flucht der Großeltern verbaute ihm den Weg: Er flog aus der Abteilung. Der Weggang »nach drüben« sollte ihm dennoch gelingen, auch mit Hilfe des Großvaters, nur anders, als er es sich vorgestellt hatte.

Gundor Holesch stammte aus einer Akademikerfamilie. Die Mutter war Deutschlehrerin, der Vater ein hochdekorierter Physiker. Die politische Überzeugung entsprach der Linie der Partei, der Haushalt war antiseptisch. Ohne Begleitung der Eltern durfte Holesch das Wohnzimmer nicht betreten. Die Freunde mussten die Wohnung verlassen, bevor der Vater vom Dienst am Sozialismus nach Hause kam. Über dem Sofa hing ein Bild von Erich Honecker. Probleme mit den Eltern gab es fast täglich. Holesch entzog sich ihnen, wo immer es ging. Er lernte Instandhaltungsmechaniker und suchte seinen eigenen Weg. In der 9. Klasse fing er an zu fotografieren. Kunst hatte er dabei nie im Sinn, nur seine Freunde und Motorräder aus dem Westen. Auf der Autobahnraststätte Köckern, einem Parkplatz an der Transitstrecke zwischen West-Berlin und der Bundesrepublik, fand er seine Motive. Seine Fotos verkaufte er auf Flohmärkten und im Bekanntenkreis. Sie gingen weg wie warme Semmeln.

Holeschs Musikgeschmack war laut, hart und aus dem Westen. Wie zunächst auch Raik Adam, Heiko

Bartsch und René Boche schwärmte der Pubertierende für die Punkbands Ramones, The Clash, Sex Pistols und Sham 69. Holesch gab den Schlagzeuger in der Jungen-Band. Die Stahlmülleimer vor der Schule wurden geklaut und zu Drums umfunktioniert. Der Klang war mies, der Spaß immens. Auf dem Dachboden wurde eine Bühne gebaut und heimlich geprobt. Ein Auftritt folgte, eher eine Halbplaybackshow vor Freunden. »Smoke on the water« von Deep Purple blieb allen in Erinnerung.

René Boche wuchs bei seiner Mutter auf, einer Journalistin, die sich gern in Künstlerkreisen bewegte. Ihre Zeit war knapp bemessen, für den Sohn hatte sie kaum welche. Mit Phantasie und viel Improvisationsvermögen schlug er sich durchs Leben. Unter seinen Freunden galt er als Anarchist, immer bereit, Grenzen und Gesetze zu übertreten.

Im September 1982 begann Boche eine Lehrausbildung zum Fertigungstechniker. Wenige Monate später wurde er in seinem Betrieb zwangsumgesetzt und begann eine Tischlerlehre. Die Staatssicherheit notierte dazu, dies sei wegen Boches schlechter Arbeitseinstellung und »wegen mangelndem gesellschaftlichen Interesse« notwendig geworden. Anders ausgedrückt: Seine Teilnahmslosigkeit gegenüber »gesellschaftlicher Arbeit« entsprach nicht dem Idealbild von einem sozialistischen Lehrling. Die brachial pädagogische Maßnahme änderte nichts an seiner Einstellung. Ein Jahr nach Beginn seiner ersten Lehre wurde der Tischler-Lehrvertrag aufgelöst. 14 Monate lang schlug sich Boche durch, ohne eine Arbeitsstelle anzunehmen. Was allein Mutter und Sohn wissen sollten, wusste auch die Staatssicherheit: »Er lebt von der finanziellen Unterstützung seiner Mutter.«

Gundor Holesch begann als Erster, das Ziel umzusetzen, von dem die vier Freunde seit der Schulzeit geträumt hatten. In diesen Jahren hatten sie ihre Erfahrungen mit dem Land gemacht, in dem sie sich nicht heimisch fühlen konnten. Ihr Aufbegehren war oftmals spontan und jugendlich pubertär, dennoch zeichnete es bereits den kommenden Weg vor. Sie suchten nach Lebensalternativen im grauen DDR-Einheitsbrei, nach Nischen, die ihre Bedürfnisse nach Freiheit und Selbstbestimmung decken könnten. Aber die Grenzen waren weitaus enger gesteckt, als sie übermütigerweise vermutet hatten. Die Ablehnung der vier Freunde verfestigte sich mit zunehmender Reife und führte im Dezember 1983 bei Gundor Holesch zu einem Ersuchen auf Übersiedlung, um die DDR in Richtung Bundesrepublik verlassen zu können. Die anderen drei Freunde sollten seinem Beispiel bald folgen.

Ordnung und Kontrolle

Der Aufwand der Staatssicherheit, um Anfang der 1980er Jahre die Bewegung der Punks zu zerschlagen, war hoch. Mit der 1983 aufkommenden Heavy-Metal-Szene sollte er sich noch einmal vergrößern. Jede neue Gruppierung, ob Punk, Heavy Metal oder die Szene der Gruftis bedeutete Bewegung im grauen DDR-Alltag. Bewegung aber hieß Veränderung, und Veränderung galt den Genossen als gefährlich.

Dass die Staatssicherheit überhaupt Interesse für diese Subkultur zeigte, ist aus heutiger Sicht ziemlich geringen Gründen geschuldet: Die Bands sangen in der Sprache des Klassenfeindes. Zusätzlich irritierten Aussehen und Verhalten der Metaler die Genossen. Sie passten in keine gängige Schublade. Themen wie Umwelt- und Friedenspolitik, Wehrdienstverweigerung und Anarchismus spielten im Gegensatz zu anderen Gruppen keine wesentliche Rolle. Metal-Konzerte wirkten in den Augen des Ministeriums für Staatssicherheit (MfS) martialisch. Auftreten und Gebärden der Metal-Fans erinnerten die Genossen an »neofaschistische Gruppen in der BRD«. Die auffälligen Klamotten der langhaarigen Metaler: schwarze Lederkleidung, Nieten und Ketten waren denen der Punks nicht unähnlich. Daher drehte sich für das MfS bei der Einordnung der Metal-Fans alles um die Frage »Punks oder Skinheads?« Eine stärkere Differenzierung war im behördlichen DDR-Einheitsdenken kaum vorstellbar. Anderssein bedeutete Generalverdacht. Die »Organe« sahen in der Bewegung eine Gefahr für die öffentliche Ordnung und Sicherheit. Dass Heavy Metal für die Jugend eine Flucht aus der Tristesse des Alltags war, ein Versuch, sich als Individuum wahrzunehmen, dazu fehlte den Machthaber die Vorstellungskraft. Alkoholexzesse, Lärm oder öffentliches Urinieren der Metaler führten zur Festnahme. Einige Stunden nur, die ausreichten, um den Festgenommenen einzuschüchtern. Die Staatssicherheit glaubte, »Kräfte des Gegners« seien am Werk, um die sozialistische Jugend zu verführen. Sie solle dazu bewegt werden, »sich gegen die gesellschaftlichen Verhältnisse in der DDR sowie deren verfassungsmäßige Grundlagen« zu wenden. Um den Gegner »zurückzudrängen«, waren Informationen nötig. Treffpunkte und Neigungen der Jugendlichen und jungen Erwachsenen mussten ausgekundschaftet werden, ihre Hobbys, ihr Lebenswandel, ihre Familienverhältnisse. Wie waren sie vernetzt? Gab es Kontakte in das »Nichtsozialistische Wirtschaftsgebiet« (NSW)?

Das Anforderungsprofil des MfS für die Anwerbung eines inoffiziellen Mitarbeiters (IM) verlangte unter anderem, der Kandidat müsse »Interesse für bestimmte westliche Erscheinungsformen und Musikrichtungen besitzen«. Als wichtige Charaktereigenschaften des zukünftigen IMs galten Kontaktfreudigkeit, Redegewandtheit »und ein sehr selbstbewusstes Auftreten«. Es gab genügend Metaler, die das MfS mit Informationen versorgten. Mal erhielt ein Heavy-Freund Straffreiheit für eine Schlägerei, ein anderes Mal drückte das MfS beide Augen zu, obwohl das schrottreife Motorrad eines Metalers längst nicht mehr verkehrstüchtig war. Laut Aktenlage war in Halle »die operative Kontrolle dieses Personenkreises im wesentlichen gewährleistet«.

Es liegen Zahlen der Staatssicherheit vor, säuberlich recherchierte Listen mit Namen und Adressen: 1986 wurden in Halle »21 jugendliche Heavy-Metal-Fans operativ bearbeitet, aber eine weitaus höhere Zahl von ca. 200 Personen, welche als Heavy-Metal-Anhänger auch äußerlich in Erscheinung treten, sind [sic!] präsent«. Unter operativer Bearbeitung war nichts anderes zu verstehen als die Unterwanderung der einzelnen Gruppen und ihrer Treffpunkte zum Zwecke der

Raik Adam und Heiko Bartsch in Prag, 1983

»Zersetzung«. Gerüchte wurden gestreut, die die Szene »destabilisieren« sollten. Führende Köpfe und Musiker wurden zum Wehrdienst einberufen, um sie aus dem Verkehr zu ziehen. Wer sich weigerte, konnte schnell im Gefängnis verschwinden. Die Machthaber, geschult durch die »Bearbeitung« der Punks, entwickelten weitere Strategien. War der Lärmpegel zu hoch, ließ man die nächsten Konzerte durch das Gesundheitsamt absagen. Laufende Konzerte abzubrechen war angesichts einer oftmals ekstatischen und betrunkenen Menschenmasse zu riskant. Hilfe fand man auch bei den Genossen des Bauamtes. Die HO Gaststätte »Stern« in Bitterfeld, eines der Zentren der Metal-Bewegung, wurde 1989 offiziell wegen Baufälligkeit geschlossen. Inoffiziell sah die Sache anders aus. Der Staatssicherheit war es ein Dorn im Auge, den Verkauf von Aufnähern und Plakaten westlicher Art nicht kontrollieren zu können. Die Szene reagierte schnell. Sie verlagerte ihre Konzerte in das im Zentrum von Bitterfeld liegende Klubhaus der Jugend. Doch auch das MfS blieb nicht untätig. Das Ministerium tauschte kurzerhand das Leitungspersonal aus und vermeldete stolz, dass es nun »offizielle Verbindungen« in das Klubhaus der Jugend pflege. Die Kontrolle war allgegenwärtig.

Interview mit Dirk Mecklenbeck

Meine Prägung begann mit dem evangelischen Kindergarten und durch das christliche Elternhaus. In der Schule wuchs der Druck von Seiten der Lehrer erst in den letzten Schuljahren, die Politisierung war allgegenwärtig. GST, Wehr[kunde]unterricht, Staatsbürgerkunde. Ich hatte meine Vorbehalte. Die Stadt Halle wurde nicht umsonst die Graue Diva genannt, der Verfall war unübersehbar und ein Gegensatz zur leuchtenden Zukunft, die propagiert wurde. Ich hab mich nie in irgendwelchen staatlichen Organisationen engagiert. In der Schulzeit begann ich mich für Subkulturen zu interessieren, Heavy Metal, Punk und alternative Lebensführung. Es gab die Blues-Szene, das war spannend. Die Anthaltung der Punk-Philosophie gefiel mir, das Nicht-konform-Gehen mit den üblichen DDR-Biografien von Pionieren über FDJ, NVA bis zur planmäßigen, organisierten Arbeit. Das Problem waren die Treffen und Konzerte in Kirchenräumen. Das war für uns vermeintlich staatsnah, da wir die Durchsetzung der Kirchenszene mit Stasi-Leuten bzw. IMs vermutet haben. Gereizt haben uns nur die Konzerte und Veranstaltungen, denn diese Subkulturen bedeuteten für mich ein Stück persönliche Freiheit. Die Lederjacke wurde ein Ausdruck der Rebellion. Meine erste Lederjacke hab ich von einem Punk gegen ein paar Flaschen Wodka eingetauscht. Die Idee, dass keine großen musikalischen Fähigkeiten nötig waren, um gute Musik zu machen, kam mir sehr entgegen, also kaufte ich mir eine E-Gitarre. Beim Versuch, einen passenden Verstärker und Gitarrenlehrer aufzutreiben, bin ich dann gescheitert. So blieb es dann bei den üblichen drei Akkorden. Heavy Metal und Punk gehörten für mich zusammen, ich hab Sex Pistols, Ramones und Motörhead gehört. Die Metal-Szene fing gerade erst an, sich in Ostdeutschland zu bilden. Man konnte die Künstler auf Augenhöhe erleben, die standen mal auf der Bühne, mal davor, als Fans. Die Szene war übersichtlich, man kannte sich. Die Stasi-Kontrolle war nicht so massiv. Ich erinnere mich an mein erstes größeres Konzert u. a. mit Keks, schönen Gruß an Basti Bauer, der war schuld daran, dass ich mich mit dem ganzen ostdeutschen Punkrock beschäftigt habe – die hatten deutsche Texte, heftig und subversiv, das war eine Offenbarung. Es gab gute Partys, man traf Gleichgesinnte.

In die Kirche fand ich erst wieder, als wir zu den Montagsgebeten nach Leipzig fuhren. Die Nikolaikirche besuchte ich mit Andy und Heiko, beim ersten Mal waren 30 Leute da, die Hälfte Stasi. (lacht) Im Anschluss an die Montagsgebete gab es eine Gesprächsrunde, man konnte Fragen stellen, es waren Solidaritätsveranstaltungen für politisch Inhaftierte. Wir konnten uns austauschen, das war sehr hilfreich. Wir wollten wahrgenommen werden als Ausreiseantragsteller. Es kamen wöchentlich mehr Besucher. Die Gegenmaßnahme der Stasi war das Sperren der Zufahrtsstraßen und der Bahnstrecken nach Leipzig. Ausreiseantragsteller, Leute mit PM 12 [vorläufiger Personalausweis] wurden gehindert, dorthin zu fahren, und »zur Klärung eines Sachverhalts« festgehalten. Ist uns auch passiert. Einmal sind wir einen Zug zu spät gefahren, nach 17 Uhr, da wurde nicht mehr kontrolliert, typische deutsche Beamtenmentalität, wir kamen unbehelligt an. Es war voll in der Kirche. Die Freunde vom »Schild und Schwert der Partei« waren auch schon da, wir wurden registriert. Es wurde von Mal zu Mal massiver, die Menschen fingen an, sich draußen zu versammeln. Eine Demonstration im wahrsten Sinne, zwei- bis dreihundert Leute! Die Stasi griff ein, hat Ausschreitungen provoziert, man konnte sie schnell zuordnen. Ich musste die DDR verlassen, als es richtig schlimm wurde bei den Montagsdemos. In Halle ging ich jeden Samstag in die Marktkirche, im Sommer 1988

Wochenendausflug der Metaler Andreas Adam und Dirk Mecklenbeck, 1988

bekam ich das Verbot, mich auf dem Marktplatz aufzuhalten. So wollten die »Organe« meine Teilnahme an den kirchlichen Veranstaltungen und den anschließenden Versammlungen unterbinden. Hat nicht geklappt. Bis zu meiner Ausreise bekam ich noch weitere Verbote, u. a. ein Leipzig- und Berlin-Verbot. In Berlin wollten wir die Gethsemanekirche bzw. die Umweltbibliothek besuchen, da war alles weiträumig abgesperrt, Seitenstraßen dicht, Gebäude umlagert, wir sind nicht reingekommen. Verhaftet wurden wir am Checkpoint Charlie. Den haben wir uns angeguckt, das gefiel den zuständigen Sicherheitskräften nicht. Ich war froh, als ich endlich aus der DDR rauskam. Seit 1986 hatte ich schon den PM 12, sprich Reiseverbot.

Im März 1986 wollten Raik, seine und meine Familie und ich uns in Karlsbad, ČSSR, treffen. Ich wollte Briefe von Heiko für Raik mitbringen – die sollten im Westen veröffentlicht werden –, wurde erwischt und »aus dem Reiseverkehr ausgelöst«, wie es in meiner Akte steht. (lacht) Die Briefe hatte ich in der Jacke, als die Trapo [Transportpolizei] mich vor der Grenze kontrollierte. An der Grenze wurde ich nochmals [...] kontrolliert, ich hatte die Briefe zwischenzeitlich im Mülleimer versteckt, aber die haben das Abteil aus

Dirk Mecklenbeck mit Trampergepäck vor einer Kirche im DDR-Bezirk Dresden, 1987

einandergenommen, und das war's. In den Briefen hat Heiko sein Leben bei der NVA geschildert. Fünf, sechs Leute haben mich abgeführt. Das Wochenende lang wurde ich verhört, erst Grenzrevier, eine Station mit Verhörräumen und Arrestzellen. Die haben mich in einem Knast-Barkas, ein Transporter mit eingebauten fensterlosen Minizellen, in denen die Gefangenen nur sitzen konnten, stundenlang transportiert, ich wusste nicht, wo ich war. Später kam ich nach Karl-Marx-Stadt [heute Chemnitz] in den Stasi-Knast, in einen alten Ziegelbau mit dicken Mauern, hohen Wachtürmen, Stacheldraht und einem großen Tor, das erinnerte mich sehr an einen mittelalterlichen Festungsbau. Dort hielt man mich ein paar Tage in Einzelhaft fest. Als Erstes wurde ich neu eingekleidet und bekam die übliche Gefängniskleidung, nicht sehr modisch, aber zweckmäßig. Danach wurde ich in meine Zelle geführt, einen ca. 4 × 3 Meter großen Raum.

Die Einrichtung bestand aus einer Holzpritsche, einem Stuhl mit Tisch und einem Regal für meine Hygieneartikel, also Zahnbürste. Die Zelle war nicht beheizt, was Anfang März, es hatte immerhin geschneit, sehr unangenehm war. Dafür hatte das Zimmer eine Top-Belüftung, dank der versetzt angebrachten Glasbausteine in der Fensteröffnung. Das Fenster ließ sich weder öffnen noch schließen, war also immer offen. Tolle Konstruktion. Die Beleuchtung der Zelle bestand aus einer in der Decke eingelassenen Lampe, die freundlicherweise Tag und Nacht brannte, so dass das Zimmer auch nachts ausreichend hell war. Tag und Nacht fanden die Verhöre statt, der damit verbundene Schlafentzug machte sich bemerkbar; das war sehr unerfreulich. Die Verhöre wurden recht vielseitig gestaltet, mal saß mir ein Vernehmer gegenüber, ein anderes Mal zwei, das wechselte ständig. Bei den Zweimann-Verhören gab es die klassische guter Bulle/böser Bulle-Aufteilung. Der eine bot mir Zigaretten und Kaffee an und der andere eine mehrjährige Haftstrafe. Die ganze Situation entbehrte nicht einer gewissen Komik, wenn man bedenkt, warum das alles stattfand.

Ich war ein unbeschriebenes Blatt, hatte keinen Antrag laufen. Freigelassen wurde ich mit Meldeauflagen, den Ausweis bekam ich nicht wieder. In Halle wurde mir mitgeteilt, dass ich von jetzt an böse bin, und ich bekam einen PM 12. Überrascht hat mich das nicht. Ein PM 12 bedeutete Stress und Reiseverbot.

Man durfte die DDR nicht mehr verlassen, auch nicht nach Ungarn oder in die ČSSR. Kontrollen der Polizei fanden im Alltag ständig statt, man musste seinen Personalausweis bei sich führen. Alle anderen zeigten ihre Ausweise, und ich war der Einzige, der in der Regel mitgenommen wurde. Da saß man dann die ganze Nacht auf Fluren in irgendwelchen Polizeirevieren rum, die hatten ja nichts zu überprüfen, das war reine Schikane. Man war stigmatisiert mit dem Ausweis. Ich hatte mir ganz listig vorher noch einen Zweitausweis zugelegt – meinen alten verloren gemeldet und einen neuen bekommen. Ich kannte die Probleme, die damit verbunden waren, das hatte ich schon bei Raik beobachtet. Oft genug hatte ich es erlebt, Fahrten nach Berlin, Ausweiskontrolle – ein Wochenende auf dem Revier. Hippie-Waldwochenenden, beim Wandern in der Sächsischen Schweiz sind wir von irgendwelchen Parkwächtern kontrolliert worden, und ich wurde prompt mitgenommen. Oder hatte mich später schriftlich zu rechtfertigen. Den Ausreiseantrag hab ich unmittelbar nach der ČSSR-Fahrt gestellt.

Drei Jahre hab ich auf die Ausreise gewartet. Ich hab relativ früh aufgehört zu arbeiten, um zu zeigen, ich will konsequent nicht mehr. Solange ich als Arbeitskraft erhalten blieb, konnte ich keinen Druck erzeugen. Als ich arbeitslos war, kam es zu entsprechenden Gesprächen mit der Stasi, das musste diskutiert werden, warum und wieso.

Gemalt und gezeichnet hab ich schon immer, ich hab mich als Künstler verstanden, wollte kreativ sein, was unter den damaligen Verhältnissen in der DDR nicht immer einfach war. Ich hatte Halle fotografiert, wie es damals aussah – den blühenden Sozialismus. Abi und Studium kam für mich durch den Armeezwang nicht in Frage, also machte ich eine Tischlerlehre. Bekannte von mir haben sich freiwillig zur Grenze gemeldet, um von den Wachtürmen aus in den Westen schauen zu können. Es hat sich mir bis heute nicht er-

Heiko Bartsch und Dirk Mecklenbeck mit einer roten Arbeiterfahne, 1987

schlossen, wie die gleichzeitig unschuldigen Menschen in den Rücken schießen konnten, die die Grenzanlagen überwinden und das Land verlassen wollten. Ich bin gemustert worden, hatte aber nicht vor, den Grundwehrdienst zu leisten, das hab ich von Anfang an klargemacht. Bausoldat kam für mich auch nicht in Frage, das war mir zu staatsnah. Sich der Hierarchie unterwerfen, Uniform anziehen, einen schlechten Haarschnitt hatte man in der Regel auch, das ging auf keinen Fall, da hab ich mich verweigert!

Ich wurde von meiner Familie unterstützt, bei der ich auch gelebt habe, viel Geld war im Osten nicht nötig, einiges hatte ich gespart, mit dem Hintergedanken, mich unabhängig zu machen. Als das Geld knapp wurde und ich wieder arbeiten gehen wollte, durfte ich nicht mehr, aber ich bewarb mich trotzdem. Bei Vorstellungsgesprächen wurden stets meine Unterlagen (Kaderakten) gesichtet, so dass es nie zu einer Anstellung kam. Keine Chance. Am Ende durfte ich nur noch in Buna arbeiten. Ich wollte das mal von innen sehen, Buna war ja verantwortlich für die Zustände in Halle und Umgebung, für Luft- und Umweltverschmutzung. VEB Buna war eine Riesenfabrik, 20 000 Arbeiter, ein grauer, schwarzer Moloch. Abgeriegelt, man ist da nicht rangekommen. Ich hab mich dort beworben, vielleicht 1988, das war die einzige Möglichkeit, Geld zu verdienen und arbeiten zu können. Der Betrieb war total von der Stasi durchsetzt, meine Abteilung besonders, denn dort waren ehemalige Strafgefangene beschäftigt, Kriminelle, die resozialisiert werden und sich in der Produktion bewähren sollten. Burschen, die eine zehn- oder zwölfjährige Haftstrafe hinter sich hatten. Die waren übel drauf, aber nicht zu mir persönlich. Wir saßen im selben Boot, das verband. Ich hab sie als freundlich und normal wahrgenommen. Ich war Transportarbeiter, in der Abteilung wurde viel mit Quecksilber gearbeitet. Alles war komplett marode, aus den 20er oder 30er Jahren, es funktionierte nur noch halbwegs, das Quecksilber lief irgendwo raus und verteilte sich in der ganzen Fabrik. Wir waren unter anderem dafür zuständig, das Quecksilber aufzusammeln, in Flaschen zu füllen und der Produktion wieder zuzuführen. Mit Schaufel und Kehrblech, natürlich ohne Schutzkleidung, sind wir losgezogen, haben Pfützen zusammengefegt und in Flaschen gefüllt. Irgendwann lief es dann wieder raus. Ich habe im Winter angefangen und hatte Glück – Quecksilber verdunstet erst bei höheren Temperaturen, da war das nicht so schädigend. Als es warm wurde, hab ich aufgehört. Wer länger als ein halbes Jahr dort gearbeitet hat, wurde woandershin versetzt, Päuschen machen, dann wieder zurück.

Ich hab Leute gesehen, die haben das ein paar Jahre gemacht und sahen auch entsprechend aus, kaum noch Zähne im Mund, keine Haare mehr, völlig fertig. Die ehemaligen Strafgefangenen wurden verheizt, da wollte kein anderer arbeiten, die Ex-Knackis hatten Bewährungsauflagen, konnten sich nicht wehren. Ständig explodierte irgendwas, ich war auch für die Verglasung zuständig als Tischler, wenn ich fertig war mit den Fenstern, hat es sehr bald wieder geknallt, die Scheiben flogen raus, und ich fing wieder von vorne an. Mit dem Quecksilber hatte ich nur ausnahmsweise zu tun, wenn jemand fehlte. Aber ich hab das gesehen und mich mit den Leuten unterhalten. Eine Abteilung mit politischen Strafgefangenen gab es auch in Buna, die hatten mit Chlorgasen zu tun. Was sie dort genau machten, erschließt sich mir bis heute nicht, die hatten innerhalb der Fabrik noch einmal eine abgeschlossene Abteilung mit Mauer und Stacheldrahtzaun und entsprechender Polizeikontrolle. Wir mussten was dorthin liefern, und ich hab die Leute gesehen in ihren Sträflingsklamotten, ohne Schutzkleidung. Die sahen ziemlich übel aus, das war Gulag, ein KZ. Nach einem halben Jahr bin ich weg; immerhin wurde der harte Job gut bezahlt.

Raik habe ich auf Raststätten getroffen, anderes war mir dank des Reiseverbots nicht mehr möglich. Wir haben telefoniert, Briefe geschrieben und uns dann getroffen. Viele unserer Treffen wurden beobachtet, wie ich heute nachlesen kann, auch auf Parkplätzen waren wir verabredet. Das war etwas besser einsehbar für uns. Keine Ahnung, ob da auch jemand rumstand und lange Ohren machte. Dunkelblaue Ladas und Typen, die offenbar denselben Herrenausstatter hatten, sah man damals öfter. Die Gesichtsausdrücke waren gleich, mit einer gewissen Arroganz und Dummheit, die fielen auf. Stasi-Leute sind Rudelmenschen, die traten meist in Pärchen auf oder zu dritt, zu viert, mit ihren Handgelenktaschen und »Präsent-20«-Anzügen. Die Treffen dauerten nicht lange, eine Stunde, anderthalb. Das haben wir aber auch intensiv gestaltet, Kaffee getrunken, sicherlich sind wir aufgefallen.

Die Ausreisepapiere hab ich Anfang März 1989 bekommen. Ich wollte zu Raik, Berlin war für mich die einzig interessante Stadt, das war kein Thema. Ich bin erst mal dort eingezogen. Meine Familie hat mich nach Ost-Berlin gefahren, sie haben mich Friedrichstraße verabschiedet, im Westen wartete Raik. Die Grenzkontrolle war Stress, ich dachte, ich sehe meine Freunde und Familie auf absehbare Zeit nicht wieder. West-Berlin – war alles so schön bunt hier. (lacht) Der graue Alltag in Halle war ja 'ne Katastrophe gewesen, dann kam man in West-Berlin raus – Euphorie pur!

Das, was getan werden musste, war recht klar. Uns ging es um die politische Dimension. Gedenktage, die die Mauer betrafen, oder deutsch-deutsche Geschichtstage, 17. Juni, 13. August oder zu damaligen Anlässen, Übergriffe der Polizei in Dresden oder Berlin, wir wollten Farbe bekennen. Die Ausschreitungen in Ost-Berlin und Dresden – die chinesische Lösung stand im Raum, da wollten wir Symbole setzen. Was Spektakuläres! Es sollte gesehen werden. Nach Osten und Westen hin, als Symbol der Solidarität und mit dem Finger auf die Mauer zeigen. Im Westen hatte man sich mit der Mauer eingerichtet, sie waren empört, wenn jemand erschossen wurde, aber interessiert hat das nur wenige. Das wollten wir ändern. Grundsätzlich waren unsere Aktionen keine Anschläge. Anschläge sind terroristische Akte, bei denen Menschen verletzt oder getötet werden. Es sollte keiner zu Schaden kommen. Ein Molotow-Cocktail ist kein Spielzeug, wir haben uns überlegt, ein Wachturm aus Beton kann nicht brennen, die Fenster waren vergittert, insofern war das eine optisch hübsche Sache, ohne Personen zu gefährden. Recht spektakulär.

Die Zaunverschönerungsaktion war eine Heidenarbeit, ob das 50 Meter waren? Wir kannten die elendig langen Streckmetallzäune, die waren grau und hässlich und bedurften dringend einer optischen Veränderung. Die von uns ausgeschnittenen Dreiecke sollten den Zaun etwas aufhübschen, das fanden wir recht nett! Wir wollten den Zaun nicht einfach nur durchschneiden, sondern schon eine künstlerisch wertvolle Aktion durchführen. Es war letztendlich ein Spaß-Event mit ernsthaftem Hintergrund.

An die Öffentlichkeit wollten wir nicht, weil uns klar war, die DDR-Regierung reagiert nicht sonderlich amüsiert, wenn ihr heißgeliebter antifaschistischer Schutzwall in Mitleidenschaft gezogen wird. Es stand außer Frage, dass da Untersuchungen stattfanden, wir wollten unsere Anonymität nicht aufgeben. Bei unseren Aktionen war uns wichtig, die Gruppe der Beteiligten so klein wie möglich zu halten, um nicht mit Stasi-IMs durchsetzt zu werden. Rainer Hildebrandt, dem Gründer des Checkpoint Charlie-Museums, hatten wir bei einem Treffen von unseren Mauer-Events erzählt. Er war begeistert, dass es da ein paar junge Menschen gab, die sich offenbar nicht mit der deutsch-deutschen Wirklichkeit abfinden wollten. Dass der real existierende Sozialismus 1989 zusammenbrach, hat uns sicher vor den eventuell möglichen Konsequenzen unseres Handelns von Seiten der DDR bewahrt.

Die DDR war ein überflüssiges Experiment. Ich hatte noch einen Haufen Leute drüben, und denen sollte es auch besser gehen. Ich würde das immer wieder so machen, als Zeichen für die Funktionäre – es könnte heiß werden, wenn man sich für die chinesische Lösung entscheidet!

Zwei Schulfreunde und der Heavy Metal

Anfang der 1980er Jahre geschah Seltsames in Halle. Im Halbdunkel der Kantinen-Bühne des Reichsbahnausbesserungswerks standen junge, in Leder gekleidete Musiker. Davor verloren sich 20 Leute, unter ihnen Raik Adam, 17 Jahre alt, langes Haar. Über der Band Feuerstein hing ein rotes Banner mit weißem Schriftzug: »Der Sozialismus siegt!«

Es sollte noch etwas dauern, bis der Heavy Metal aus dem Untergrund an die Öffentlichkeit trat. Die beiden Freunde Raik Adam und Heiko Bartsch gehörten in Halle zu den Ersten, die von dem energiegeladenen Sound mitgerissen wurden. Der Sattlerlehrling Raik Adam schneiderte für sich und seinen Freund eine Lederkluft. Aus Spikes und Hohlnieten, bestimmt für den Export in die Sowjetunion, entstanden Arm- und Halsbänder. In der Stadt zogen sie die Blicke auf sich. Weniger schrill als die Punks, sahen die jungen Männer in ihrer Kleidung und den langen Haaren die Möglichkeit, sich von der Norm abzugrenzen. Es gab Anfeindungen auf der Straße, Wortgefechte mit Passanten und Vertretern des Staates. Die Reibung bestärkte sie. Nächte wurden vor dem Radio verbracht, mitgeschnitten, was der Westfunk an Heavy Metal über die »Zonengrenze« schickte. Die jungen Männer reisten durch das Land, besuchten Konzerte auf Dörfern und in piefigen Städtchen, argwöhnisch von der Transportpolizei (Trapo) beobachtet und kontrolliert. Die meisten Säle waren ausverkauft. Die Medien ignorierten zunächst noch den neuen Musikstil, mussten sich später aber dem großen Interesse beugen. In den Jugendklubs der FDJ gehörte kurz vor Mitternacht den Heavys die Tanzfläche. Bei Judas Priest, Iron Maiden und Slayer verschreckten sie die »Popper«. Raik Adam und Heiko Bartsch vernetzten sich mit anderen Metalern. Konzerttermine erfuhr man durch Mund-zu-Mund-Propaganda. In Ungarn kauften sie Schallplatten für 100 Ostmark – in der DDR bekamen sie ohne Schwierigkeiten 200 dafür.

Raik Adam und Heiko Bartsch waren in keiner Partei und anders als die meisten DDR-Bürger auch nicht Mitglieder einer Massenorganisation. Bei diversen Vernehmungen durch das MfS identifizierten sie sich »mit der kirchlichen Bewegung, u. a. mit der unabhängigen Friedens- und Umweltbewegung«. Als aktive Mitglieder allerdings traten sie nicht in Erscheinung. Die Vereinnahmung durch den Glauben schreckte die jungen Männer ab, zudem war ihnen die Kirche »zu bürgerlich und systemnah«. Jeder wusste, dass »die von der Stasi unterwandert sind«. Die Angst, von vermeintlichen Freunden oder der netten Nachbarin bespitzelt zu werden, saß tief.

Mit 19 Jahren war die Lehre zu Ende, das Leben wartete. Sie fuhren nach Ungarn, genossen den Balaton, feierten in Budapest. Zwei Wochen lang Halle und die Staaatssicherheit vergessen! In der Metal-Szene

Selbst hergestellter Nietengürtel aus Hohlnieten, 1984

war es ab 1983 unruhig geworden. Das MfS hatte seine Fühler verstärkt nach IMs ausgestreckt, die die Szene unterwandern sollten. Das Ministerium wollte die Kontrolle. So berichtete u. a. IM »Jan Vetter« von den Konzerten der Bands, ihrem Repertoire und den Aussagen der anwesenden Personen. Es gab Festnahmen und Verbote. Raik Adam und Heiko Bartsch blieb die Entwicklung nicht verborgen. Hatten sie im Metal eine Nische zur individuellen Entfaltung gefunden, sahen sie sich nun noch weiter bedrängt. Ungarn dagegen war bunt, lebensfroh, freier und liberaler – ihrer Vorstellung nach fast wie im Westen. Sie trafen politisch Gleichgesinnte, Gleichfrustrierte wie sie. Die Nächte wurden durchgezecht, es wurde diskutiert, das Für und Wider eines Weggangs in den Westen besprochen. Die Gefahr, verhaftet zu werden und ins Gefängnis zu kommen, war vorhanden. Und was war mit den Eltern? Wie würden sie darauf reagieren? Würden auch sie von der Staatssicherheit belangt, unter Druck gesetzt werden? Gerüchte gab es viele.

Als Raik Adam und Heiko Bartsch nach Halle zurückkamen, stand der Entschluss fest: Am 4. September 1984 stellte Raik Adam das »Ersuchen auf Übersiedlung« in die Bundesrepublik, Heiko Bartsch tat es ihm zwei Tage später gleich. Danach fühlten sie sich wie befreit. Endlich aktiv sein, nicht mehr vor der Staatsmacht kuschen! Als Gründe für ihren Antrag nannten sie die nicht vorhandene Meinungs- und Reisefreiheit sowie das ökologische Desaster und damit verbundene Gesundheitsschäden. Ebenso kritisierten sie die mediale Manipulation, die Kriminalisierung Andersdenkender, den Militarismus und die Überwachung in der DDR.

Raik Adam und Heiko Bartsch wollten leben, nicht »gelebt werden«. Mit dem Ausreiseantrag würden, so wussten die beiden, neue Willkür und Repressionen einsetzen. Um argumentativ auf die »Rückgewinnungsgespräche« vorbereitet zu sein, suchten die jungen Leute nach einem Exemplar der Menschenrechts-Charta. Sie durchforsteten Buchläden, die Bibliothek der Universität. Ohne Erfolg. Raik Adams Personalausweis wurde eingezogen, ein sogenannter PM 12 ausgehändigt. Das Dokument kam einer Vorverurteilung gleich. Der Besitzer musste regelmäßig auf dem Revier der Volkspolizei erscheinen, durfte oft die Stadt nicht verlassen. Reisen ins sozialistische Ausland waren verboten. Wer es trotzdem versuchte, wurde an der Grenze abgefangen und in Haft genommen.

Im Wochenrhythmus tauchten Mitarbeiter des MfS in Raik Adams Firma auf. Wie er sein Wochenende zu planen gedenke? Wo es denn hingehen solle? Eltern und Freunde wurden befragt, auch mit dem Ziel, emotionalen Druck zu erzeugen. Raik Adams Mutter hatte

Raik Adam in Budapest, 1984

Raik Adam und ein Freund in der Budapester U-Bahn, 1984

Angst, ihren Sohn nie wieder zu sehen. Der Westen war weit weg, die Mauer stand noch hundert Jahre. Mindestens. Selten gab es eine briefliche Vorladung für eines der Rückgewinnungsgespräche bei der Abteilung Inneres der Stadt, meistens stand unangemeldet ein Lada vor der Firmentür. Ab morgens um sieben Uhr musste Raik Adam stundenlange Verhöre über sich ergehen lassen. Manchmal gab ein Genosse den Brüllaffen, ein anderer wiederum nahm ihm alle Gegenstände ab, die er bei sich führte:

»Das brauchen Sie nicht mehr.«

»Wieso?«

»Nach dem Gespräch brauchen Sie das nicht mehr!«

»Bin ich dann im Westen oder im Knast?«

Es gab auch nette Menschen unter den Genossen, die Verständnis für die jungen Leute zeigten. Wenn sie nicht beim Ministerium für Staatssicherheit arbeiten würden, so beteuerten manche, würden sie auch in den Westen gehen. Gern erzählten sich Antragsteller diese Anekdote. Adam und Bartsch sahen ihr Verhalten bestätigt, so wenig wie möglich Kontakt nach außen zu pflegen: Raik Adams private Treffen mit Mitgliedern der Jungen Gemeinde und mit ehemaligen DDR-Bürgern in der ČSSR waren genauso bekannt wie der postalische Kontakt mit seinem Onkel in Westdeutschland. »So konnte u. a. erarbeitet werden, dass in der UVR [Ungarische Volksrepublik] Briefe durch andere Personen aufgegeben wurden, die an Verwandte des A. gerichtet sind.«

Die Zermürbungsversuche in den Rückgewinnungsgesprächen waren massiv, erreichten aber nur Verhärtungen und Trotzhaltungen. »Der A. tritt überheblich auf, ist in seinen Äußerungen zum Umweltschutz und zur Friedensbewegung sehr selbstherrlich und ist in Aussprachen hartnäckig. Durch Mimik und Gestik versucht er, den Gesprächsverlauf zu stören und die Abt. Inneres zu provozieren.« Die verfehlte Taktik wurde in der Folge geändert. Die Gespräche hatten fortan den Charakter eines Vater-Sohn-Dialogs. Raik Adam sollte ein Meisterstudium beginnen. Aus ihm sollte etwas werden. Warum ein einfacher Sattler bleiben? Er hatte doch das Zeug dazu! Das MfS notierte, der Vorschlag »wurde von A. grundlegend abgelehnt«. Geldprämien zum »Tag der Republik« oder die sogenannte Jahresendprämie weigerte er sich anzunehmen. Er wollte sich nicht korrumpieren lassen. Trotzdem oder vielleicht gerade deshalb sollte der junge Widerspenstige mit allen Mitteln zum Bleiben bewegt werden: Mitarbeiter des MfS schlugen ihm vor, später die private Firma seines Chefs übernehmen zu können. Kapitalismus könne er auch in Halle haben.

Mit den 1980ern stieg die Anzahl der Ausreisewilligen an, auch unter der jungen Bevölkerung. Wer nicht in das Raster des strebsamen DDR-Jugendlichen passte, dem wurde der Zugang zu Kneipen und Klubs verboten. Äußerlichkeiten wie Kleidung und Haare reichten für ein Zutrittsverbot. Raik Adam und Heiko Bartsch zogen sich zurück. Partys fanden nur noch im privaten Rahmen statt, das Metal-Outfit blieb. Mit der steigenden Angst vor Bespitzelung verkleinerte sich der Freundeskreis. Oft stießen Raik Adams jüngerer Bruder Andreas und sein Cousin Dirk Mecklenbeck dazu. An den Wochenenden fuhren sie in die Wälder des Harzes. Weg von der Monotonie des Alltags, der kleinbürgerlichen Erwachsenenwelt des Ostens. »On the Road« sein, wie Raik Adam es bei Jack Kerouac gelesen hatte. Trampen, mit der Reichsbahn fahren oder mit den Motorrädern. Ein Schlafsack und ein Rucksack mit Essen reichte den »Metal-Hippies« auf der Suche nach Abenteuern. Unbekannte Gegenden entdecken: Flüsse, Höhlen, alte Burgen. Die DDR war für ein Wochenende weit weg. In der Woche allerdings holte sie die Allgegenwart der Genossen auf skurrile Weise wieder ein: In der DDR herrschte Mangel, den selbst das MfS nicht kompensieren konnte. Die Privatwirtschaft musste helfen. Das MfS wandte sich an die Sattlerei, in der Raik Adam arbeitete, um seine PKWs für Observationen umbauen zu lassen. Adam und seine Kollegen setzten spezielle Vorhänge ein, mit Schlitzen, um die zu bespitzelnden Opfer fotografieren zu können. Für Komfort sorgten bequeme Liegeflächen, die mit neuem Leder bespannt werden mussten.

Am 16. Dezember 1984 schließlich sah sich das MfS mit seinen permanenten Rückgewinnungsversuchen am Ziel. Raik Adam zog sein Ersuchen auf Übersiedlung in die Bundesrepublik zurück. »Seine Mutter hatte einen Nervenzusammenbruch erlitten und er wollte sie pflegen«, vermerkte das MfS erleichtert. Sicher war das Nervenkostüm der Mutter unter dem wachsenden Druck strapaziert, der wahre Grund allerdings war ein anderer: Raik Adams privater Arbeitgeber hatte gute Kontakte zur Staatssicherheit und zu lokalen Funktionären. In der zweiten Dezemberwoche erfuhr er so von einer Verhaftungswelle, die noch vor Weihnachten über Halle rollen sollte. Viele der Hallenser Antragsteller auf Ausreise sollten angeblich festgenommen und in die Haftanstalt Bautzen II des MfS gebracht werden. Gerüchte gingen um, man werde die inhaftierten DDR-Bürger auf dem Wege des »Freikaufs« gegen harte D-Mark in den Westen ausreisen lassen.

Ob Raik Adams Chef einen seiner besten Mitarbeiter nicht verlieren oder ob er schlichtweg helfen wollte, als er diesem seine Informationen preisgab, ist nicht mehr festzustellen. Fast glücklich über den Erfolg klopfte sich das MfS auf die Schulter: »In den ständig durchgeführten Aussprachen bei der Abteilung Innere Angelegenheiten [...] zog der A. sein Ersuchen zurück.«

Am 11. April 1985, die Verhaftungswelle war längst beendet, reichte Raik Adam ein neues Ersuchen auf Übersiedlung ein. Wahrscheinlich zähneknirschend notierte die Staatssicherheit, »seine weiteren Handlungen richtet er auf die Durchsetzung seines ÜE aus, wobei er es vermeidet, strafrechtlich in Erscheinung zu treten«.

Zwei Schulfreunde und der Punk

1978 sah die DDR-Propaganda in der Punkmusik ein »Mittel im Arsenal bürgerlicher Ideologien, mit denen die Volksmassen manipuliert werden«. Auf den Straßen der DDR fielen die um 1980 aufkommenden »Irokesen« den Behörden durch lautes und provokantes Verhalten auf. In ihrem schrillen Outfit sah die Polizei eine »öffentliche Herabwürdigung der staatlichen Ordnung« nach § 220 Strafgesetzbuch der DDR. Es kam zu Personenkontrollen, oftmals gefolgt von Verhaftungen. Bei der »Klärung eines Sachverhalts« auf dem Revier kam es zu einschüchternden Drohungen und Werbungsversuchen für das MfS. Punk als – nach offizieller Lesart – Phänomen westlicher Subversivität durfte nicht existieren.

Ab 1983 wollte MfS-Chef Erich Mielke das Problem auf seine Weise lösen, um das Nationale Jugendfestival der DDR im Juni 1984 ungestört über die Bühne gehen zu lassen: Die Bewegung wurde kriminalisiert. Musikern und Punkern wurde »staatsfeindliche Hetze« nach § 106 StGB vorgeworfen. Es hagelte Freiheitsstrafen und Auftrittsverbote, und Hausdurchsuchungen waren an der Tagesordnung. Kneipen-, Studien- und Innenstadtverbote dienten als weitere Mittel der Drangsalierung. Inoffizielle Mitarbeiter des MfS inszenierten Krawalle, die das von den Medien gezielt verbreitete Bild der »feindlich-negativen Erscheinungsform« bestätigen sollten. Fast jede der Bands war, wie man heute weiß, unterwandert. Die Zermürbungstaktik des MfS ging jedoch nur teilweise auf. Während einige Punks sich ins Private und in Alkoholismus flüchteten, wendeten andere sich verstärkt der Politik zu und vermehrten ihr Engagement in der Kirche. Durch den Kontakt mit Umweltgruppen und Friedensbewegung kam es zu einer weiteren Politisierung. Jedoch begann im selben Jahr eine große Ausreisewelle, die die Punks dem bayerischen Ministerpräsidenten Franz Josef Strauß zu verdanken hatten. Um die riesigen Auslandsschulden begleichen zu können, nahm die DDR Kontakt zum Klassenfeind auf. Ein Kredit wurde vereinbart. Als Gegenleistung sagte die DDR u. a. zu, Ausreise und Familienzusammenführung zu erleichtern. »Dank« einer Milliarde D-Mark wurde die DDR ab 1983 einen Teil der ersten Punkergeneration los, die zur Ausreise in den Westen genötigt wurde.

Gundor Holesch und René Boche gehörten ab Ende 1982 in Halle der kirchlichen Friedensbewegung an. Während Gundor Holesch sein Äußeres und Inneres ganz dem Punk verschrieb, bewegte sich René Boche in für DDR-Verhältnisse normalen Kreisen. Musik und Kleidung orientierten sich an westlichen Vorbildern, gefeiert wurde viel. Obwohl René Boche zu diesem Zeitpunkt noch keine DDR-Gesetze übertreten hatte, geriet er schon früh in den Fokus der Staatssicherheit. Eine Kriminalabteilung namens »Tramp«, im Sommer 1981 noch dem Volkspolizeikreisamt Halle (VPKA) unterstellt, notierte folgenden Vorgang: Boche, damals 17 Jahre alt, wollte in den Sommerferien eine Reise in die Volksrepublik Bulgarien angeblich zum ungesetzlichen Verlassen der DDR nutzen. »Am 30. Juli 1981 wurde ein Vorbeugegespräch geführt und ermittelt, daß Boche nach Kanada wollte, ohne daß er jedoch an ein ungesetzliches Verlassen der DDR gedacht hatte.« Gespielte Naivität war eine der Taktiken René Boches im Umgang mit der Staatssicherheit, die diesmal aufging. Zwei Jahre später, am 31. Juli 1983, gelang es Boche und seinem Freund Holesch in ähnlicher Manier einer Festnahme auf dem Flughafen Dresden zu entgehen. Die Gepäckkontrolle hatte ergeben, dass die jungen Männer zwar ein Hinflugticket nach Budapest bei sich führten, das Rückflugticket hingegen fehlte. Kartenmaterial verstärkte den Verdacht einer geplanten »Republikflucht« über Bulgarien nach Griechenland. René Boche spielte erneut den Unbedarften, Gundor Holesch erklärte sich in einem Verhör ähnlich:

»*Frage:* Aus welchem Grund führen Sie einen Kompass, ... sowie drei Landkarten (ČSSR, Bulgarien und Rumänien) mit?

Antwort: Da wir von Ungarn aus nach Bulgarien und Rumänien trampen wollten, brauchten wir die Reisekarten. Meiner Meinung nach gehört dazu auch ein Kompass, da man nicht weiß, wo es uns konkret hingetrieben hätte.«

Die Genossen ließen die beiden nicht nach Budapest reisen. Auch ein Versuch Boches, am 12. Januar 1984 nach Prag zu fahren, um sich angeblich mit einem Freund zu treffen, scheiterte. Fortan hielt die Staatssicherheit den ausreisewilligen jungen Mann unter dauernder Kontrolle. Ohne ihm etwas nachweisen zu können, wurde sein Personalausweis eingezogen, der PM 12 ausgehändigt. IMS »Andreas Fuchs«, der im wirklichen Leben Dirk L. heißt, berichtete über René Boches Engagement in der Kirche und stellte ihn als Anhänger der Friedensbewegung dar. IMS »Peter Bauer«, ein 18-jähriger Mitlehrling, bestätigte L.s Aussagen. IM »Heinrich Bock« alias Jens N. berichtete, in welchen Kneipen und Jugendklubs René Boche verkehrte, wer seine Freunde waren. In einer Befragung durch das MfS erklärte er, dass in dem Kreis um René Boche »sehr oft über Perspektivlosigkeit der Jugend sowie stets über das Negative in unserer Gesellschaft geredet und diskutiert wurde. Es wurde zunehmend deutlich, daß dieser Personenkreis total überhebliche, unreale und nicht zu verwirklichende Ziele vor Augen hat, welche sie glauben nur in der BRD bzw. im NSW (Nichtsozialistisches Wirtschaftsgebiet) als freie Menschen verwirklichen zu können.« René Boche, der von der Beobachtung nichts wusste, stellte am 24. Januar 1984 einen Ausreiseantrag nach West-Berlin. Er schrieb darin, sich »nicht mit den gesellschaftlichen Verhältnissen in der DDR identifizieren« zu können. Durch den ungerechtfertigten Verdacht der Republikflucht fühle er sich nicht mehr als freier Bürger. Bei einem am 13. März 1984 geführten Rückgewinnungsgespräch kritisierte er die zunehmende Militarisierung an den Schulen und den Druck, »freiwillig« der Gesellschaft für Sport und Technik (GST) oder der Zivilverteidigung beizutreten. Nach Meinung des MfS verherrlichte René Boche »die westlichen Lebens- und Moralauffassungen. ... Sein Umgangs- und Verbindungskreis setzt sich ausschließlich aus negativ-oppositionellen Personen zusammen.« Gemeint waren die Mitglieder der Jungen Gemeinde, für die René Boche Informationen über die Umweltverschmutzung in Halle an Westmedien lancieren wollte. Über ihre IMs erfuhr die Staatssicherheit von Boches Absichten. Eigentlich hätte er wegen »ungesetzlicher Verbindungsaufnahme« für längere Zeit im Gefängnis landen müssen. Aber Boche zeigte Reue, sein Anwalt viel Verhandlungsgeschick. Der junge Mann gab das Versprechen ab, in Zukunft die Gesetze der DDR einzuhalten, und erhielt eine dreimonatige Haftstrafe wegen angeblichen Rowdytums (§ 215 Strafgesetzbuch der DDR).

Kaum entlassen, nahm Boche seine Aktivitäten in der DDR-Friedensbewegung wieder auf. Gemeinsam mit seinem Freund Gundor Holesch beteiligte er sich an der von der Kirche initiierten »Fasten-Aktion für den Frieden« und dem »Schweigen für den Frieden«. Am 5. Juni 1983 nahmen sie an einer organisierten Radtour anlässlich des Weltumweltschutztages teil. Der bunte Haufen radelte von Halle nach Buna, ausgerüstet mit Plakaten, die die Umweltbelastung durch das Chemiekombinat anprangerten. Am Wegesrand staunten die Passanten. Nicht weniger verblüfft war die Polizei. In der Nähe des Chemiekombinates kam es schließlich zu Auseinandersetzungen mit den »Organen«, die dem öffentlichkeitswirksamen Spuk ein Ende bereiten wollten. Während René Boche einer Festnahme entging, weil er, wie er in einer späteren

Vernehmung sagte, »kein Plakat hochgehalten« hatte, wurde Gundor Holesch verhaftet. Die Aktionen des jungen Punks waren dem MfS schon seit langem ein Dorn im Auge. Am 27. März 1983 wurde er in Jena mit dem Aufnäher »Schwerter zu Pflugscharen« aufgegriffen. Trotz massiver Drohungen weigerte er sich, ihn zu entfernen. Das MfS notierte, Gundor Holesch trete »als Wehrdienstverweigerer in Erscheinung«, stelle sich als Anarchist dar und wolle mit öffentlich propagiertem anarchistischen Gedankengut »in der DDR Veränderungen herbeiführen«. Nach der Festnahme während der Fahrradtour versuchte man ihn in der Vernehmung massiv einzuschüchtern. Doch kaum freigelassen, besprühte er nachts mit Freunden Häuserwände: »Keine Macht für niemand«. Das MfS leitete daraufhin ein Ermittlungsverfahren wegen »Staatsverleumdung« (gemäß § 220 StGB der DDR) ein. »Der Holesch ist einer der geistigen Urheber und im geringen Maße selbst am Anbringen von Losungen mit Farbspray im Stadtgebiet von Halle beteiligt.«

Kurz vor Weihnachten 1983 stellte Gundor Holesch den Antrag auf Übersiedlung nach West-Berlin. Um seinen Willen zu untermauern, suchte er am 30. Januar 1984 die Ständige Vertretung der Bundesrepublik in Ost-Berlin auf. Das MfS reagierte sofort: Einen Tag später unterbreiteten die Genossen den Vorschlag der »ÜS [Übersiedlung] aus politisch-operativen Gründen«. Am 27. Februar 1984 erfolgte Gundor Holeschs Ausreise nach West-Berlin. Bei René Boche sollte es noch ein Jahr dauern, bis man ihn endlich ausreisen ließ.

Freiheit

Noch zehn Minuten bis nach Nordhausen. Dann rein in den Bus Richtung Kyffhäuser. Irgendwo im Wald aussteigen, wo es keine Menschen mehr gibt. Alleinsein mit dem Freund, sich unbeobachtet fühlen, für den Moment frei sein. Am Lagerfeuer sitzen, Bier trinken und die Stille genießen. Alles würde dann weit weg sein.

Der Zug stand an einem Haltesignal und wartete auf die Einfahrt in den Bahnhof. Die langhaarigen Reisenden Raik Adam und sein Cousin Dirk Mecklenbeck fielen auf. Vielleicht hatte sich deshalb keiner zu ihnen in das Abteil gesetzt. Wenn die jungen Männer sich bewegten, knarrte das schwarze Leder ihrer Jacken und Hosen. Im Gepäckfach lagen zwei ausgewaschene Anglerrucksäcke, wie sie damals viele junge Menschen benutzten, die auf Reisen gingen. Darin klapperten Bierflaschen. Jetzt rissen zwei Männer der Transportpolizei die Abteiltür auf und schritten zur Personenkontrolle. Raik Adam wies sich mit einem PM 12 aus. Der Zug befand sich kurz vor dem fünf Kilometer breiten Grenzsperrgebiet, das der innerdeutschen Grenze zur Bundesrepublik vorgelagert war. Für die Trapo war die Sache klar: Vor ihnen saßen zwei potentielle Republikflüchtlinge. In Nordhausen wurden sie von drei Trapo-Beamten aus dem Zug geholt, ging es nicht schnell genug, flogen die Knüppel. Schläge auf Muskelfleisch hinterließen kaum Hämatome. Dirk Mecklenbeck wurde am Wirbel getroffen, der Schmerz ließ die nächsten Wochen kaum nach.

Leibesvisitation und Rucksackkontrolle brachten Raik Adam und Dirk Mecklenbeck in zusätzliche Schwierigkeiten. Ein Seil fand sich darin, eine

Wochenendausflug ins Elbsandsteingebirge, wohl 1988

schwarze Plane und ein Jagdmesser. Die Männer von der Trapo schauten sich an. Der Verdacht erhärtete sich, die Kollegen der Staatssicherheit sollten übernehmen. Ein Barkas-LKW brachte die jungen Männer in die Kreisdienststelle des MfS nach Nordhausen. Fragen wurden während der Fahrt nicht beantwortet, stattdessen mit dem Knüppel gedroht. Fast 24 Stunden kümmerte sich niemand um sie. Getrennt saßen sie in einer Art Verwahrraum ohne Schlafmöglichkeit. Es war Freitagnacht. Die Stühle, auf denen sie hockten, waren ungepolstert. Ohne Decken war es kalt zwischen den dicken Mauern. Es herrschte Kontakt- und Redeverbot. An Schlaf war kaum zu denken. Das Licht brannte die ganze Nacht. Jede Stunde gab es eine Sichtkontrolle, einen Anraunzer, der sie aus ihrem Dämmerzustand schrecken ließ. Die jungen Männer waren eingeschüchtert, ihre Gedanken kreisten um den morgigen Tag. Was würde mit ihnen passieren? Sie ahnten nicht, dass man ihnen Republikflucht unterstellen würde.

Als am Samstagnachmittag das erste Verhör stattfand, traf sie die Anschuldigung unvorbereitet. Aus Sicht des MfS waren die Indizien erdrückend. Raik Adam und Dirk Mecklenbeck, die getrennt vernommen wurden, gerieten in Erklärungsnot. Das Seil sollte zum Übersteigen der Grenzanlagen dienen, die schwarze Plane, um in der Nacht unerkannt durch den Todesstreifen zu robben, und das Jagdmesser, da waren sich die Genossen sicher, sollte gegen Grenzsoldaten eingesetzt werden.

Raik Adam sah sich bereits im Gefängnis. Kurz vor Weihnachten 1984 hatte er die Staatssicherheit erfolgreich getäuscht, indem er seinen Ausreiseantrag zurückzog und ihn Monate später erneut stellte. »Jetzt werden die sich rächen. In den Bau wird es gehen, für Jahre, wenn ich Pech habe.« Einer der Vernehmer zeigte vorgetäuschtes Verständnis für die jungen Männer. Er sei ja auch mal jung gewesen und glaube

Haus in der Robert-Blum-Straße 84 in Halle, in der Raik Adam und Dirk Mecklenbeck eine DGW besetzten, 1985

ihnen die Geschichte mit dem Waldwochenende, mit dem Allein-sein-Wollen. Auch, dass Seil und Plane als einfaches Zelt dienen sollten und das Messer, um das mitgebrachte Grillfleisch zu zerschneiden, glaube er ja. Und Raik Adams Antrag auf Ausreise, nun, der sei ja nur die jugendliche Suche nach Abenteuer. Am besten sei es aber, wenn die beiden alles zugeben würden. Dann könnten sie ganz schnell nach Hause, und nichts würde ihnen passieren.

Währenddessen wurden in Halle die Eltern und die Arbeitgeber befragt. Sie wussten von den Ausflügen der beiden an den Wochenenden und bestätigten die Angaben der Festgenommenen. Am Sonntagnachmittag durften sie nach Halle zurückkehren.

Im Sommer 1985 stagnierten Raik Adams Ausreisebemühungen. Die zuvor häufigen Rückgewinnungsgespräche fanden kaum noch statt. Als sein Freund Heiko Bartsch zum Wehrdienst einberufen wurde, glaubte er, »ich werde der Nächste sein«. Obwohl er durch die Festnahme in Nordhausen eingeschüchtert war, entwickelte er neue Strategien: Im Sommer 1985 besetzte er mit Dirk Mecklenbeck eine leerstehende Dachgeschosswohnung. Der Zustand war mehr als miserabel. Dennoch wollten die beiden einziehen, ohne polizeiliche Meldung, um weiteren Kontrollen des Staates entgehen zu können. Anfang November 1985, 14 Monate nach dem Ausreiseantrag, kündigte Adam seinen Arbeitsplatz in der Sattlerei. Indem er sich der Arbeit entzog, wollte er erneut Druck aufbauen, damit man ihn ausreisen ließ. Die Gefahr, als »Asozialer« eingesperrt zu werden, war nicht gering. Paragraf 249 Absatz 1 des Strafgesetzbuchs der DDR sah vor: »Wer das gesellschaftliche Zusammenleben der Bürger oder die öffentliche Ordnung dadurch gefährdet, daß er sich aus Arbeitsscheu einer geregelten Arbeit hartnäckig entzieht, ... wird mit Verurteilung auf Bewährung oder mit Haftstrafe, Arbeitserziehung oder mit Freiheitsstrafe bis zu zwei Jahren bestraft.«

Resigniert musste das MfS feststellen, dass »die Kontrolle des A. nur mit großem operativen Kraftaufwand möglich ist«. Es schlug daher vor, Raik Adam »aus der Staatsbürgerschaft der DDR zu entlassen und nach der BRD zu übersiedeln«. Nach 17 Monaten wurde das Unfassbare im Dezember 1985 Wirklichkeit: Raik Adam bekam seinen »Laufzettel«, am 6. Februar 1986 ließ man ihn ausreisen. »Das Gefühl, kompromisslos mein Ziel erreicht zu haben, ohne im Knast gewesen zu sein, war herrlich.«

Interview mit Andreas Adam

Als mein Bruder Raik im Februar 1986 ausreiste, war ich in der Lehre, gerade 17 Jahre alt, hab noch zu Hause gewohnt. Mit meiner Mutter und meiner Schwester. Meine Mutter zog später zu ihrem neuen Mann. Ich blieb mit meiner Schwester in der großen Wohnung, sie bekam 1988 ein Kind, wir wohnten bis zu meiner Ausreise zusammen. Ich hab keine Probleme durch Raiks Ausreise mit den DDR-Behörden bekommen, auch meine Familie hatte danach keinen Ärger. Die staatlichen Stellen haben mit mir über ihn gesprochen, als ich den Ausreiseantrag gestellt hatte. Den Antrag habe ich mit 19 gestellt, im Oktober 1988. Sie argumentierten mit der Perspektivlosigkeit im Westen, behaupteten, Raik sei doch arbeitslos. Welches Bild ich denn vom Westen hätte? Auf diese Argumente hab ich mich nicht eingelassen.

Ich war durch Raik geprägt und auch durch unser familiäres Umfeld. Wir sind in einem kritischen, humanistischen Haushalt aufgewachsen. Politische Informationen haben wir uns abends über die Westmedien geholt, und so entwickelte sich bei mir mit 14, 15 bereits eine Distanz zum System im Osten. Das hat sich im Laufe der Jahre verstärkt. Mit 15 hab ich den NVA-Werbern erzählt, ich geh doch nicht zur Armee und schieß auf meine Landsleute. Ich hab mich in der 10. Klasse mit einem Rückenleiden krankschreiben lassen, damit ich nicht ins Wehrlager musste. Zum Glück hat mich meine Mutter unterstützt, ist mit mir zum Arzt und hat zu mir gehalten. Ich habe mit dem Ausreiseantrag gewartet, bis ich meine Lehre beendet hatte. 1988 im Sommer haben wir uns mit Raik getroffen in Ungarn, und es war klar, wenn ich wieder nach Hause komme, stelle ich den Antrag. Er hat mir Tipps und Informationen gegeben, die Akte von Helsinki unter anderem.

Wir haben uns regelmäßig getroffen, so zweimal jährlich. In der ČSSR und Ungarn, das erste Mal im Mai 1986 in Karlsbad. Viel ist telefonisch gelaufen, Raik rief bei meiner Mutter auf der Arbeit an. Er hat politische Literatur aus dem Westen mitgebracht. Ein Buch zum Beispiel von Chaim Noll, dem Sohn von Dieter Noll, der ausgereist war und später ein DDR-kritisches Buch schrieb. Ich hatte das Buch hinten in der Hose, wir saßen im Auto meines Onkels, sind rausgewunken worden. Wir wurden ins Kontrollhäuschen geführt und mussten die Reisetaschen auspacken, zum Glück gab es keine Leibesvisitation. Wenn Raik nach Westdeutschland gefahren ist, haben wir uns oft auf der Transitstrecke getroffen. Er rief vorher an, und wir sind mit Motorrädern oder Autos los zur Autobahnraststätte Köckern, haben Platten bekommen und Bücher, den *Spiegel*, Musikzeitschriften. Ob sie das mitbekommen haben, wissen wir nicht. Wir haben vor dem Rasthof gewartet oder drinnen was getrunken, Raik kam meist mit drei, vier Leuten. Wenn wir Infos austauschen wollten, sind wir raus, um nicht belauscht zu werden.

Heavy Metal war meine Musik, ich bin nach Bitterfeld gefahren zu den Konzerten. In Halle gab es sehr selten Konzerte, einmal ein kleines Festival im Klubhaus der Gewerkschaften. 87, 88 muss das gewesen sein, mit drei, vier Ost-Bands: Panther, Plattform und Cobra. Aber meist sind wir nach Bitterfeld gefahren, in das Klubhaus »Stern«, das waren richtige Ereignisse, MCB aus Magdeburg, Pharao aus Berlin, mit 700 bis 1000 Leuten drin. Die Leute kamen aus Sachsen, dem Thüringer Wald und von der Ostsee angefahren, um die Bands zu sehen. Unser Aussehen richtete sich schon nach dem westlichen Outfit, dabei wurde improvisiert. Lederimitate, Ohrringe, Fingerringe, Haare lang gewachsen – Vokuhila. Wer nicht in Schwarz und Leder kommen konnte, kam in zerschnittenen Jeans. Frauen waren eher spärlich anwesend, vielleicht fünf bis zehn Prozent. Selten konnte man Tapes kaufen, T-Shirts und

Aufnäher gar nicht. Eine schwarze Tauschbörse gab es schon, Platten aus Ungarn und Tschechien, auch Originale aus dem Westen. Die fleißigen Händler standen mit Beutelchen am Rand, und man kiekte da rein, ob die gesuchte Platte dabei war. Man konnte für eine Platte gut und gern 100 Mark hinlegen. Für mich waren diese Konzerte ein Ausbruch aus dem normativen Alltag der DDR.

Punk-Konzerte haben wir auch besucht, ich hab die Band Die Skeptiker im »Turm« gesehen. Wir waren in der Jungen Gemeinde in der Freienfelder Straße, dort organisierte der Jugendpfarrer ein Konzert mit der Berliner Punkband Feeling B. Hier trafen wir auch zum ersten Mal auf rechte Skinheads. Die Punks und die Skins fochten ihre Duelle auf der Tanzfläche aus, Schulter gegen Schulter. Es gab 'ne alternative Studentenkneipe in Halle, ein altes Bootshaus, umgebaut zur Kneipe. Wir waren manches Mal die Letzten dort. Einmal mit Heiko und einem Freund lief um Mitternacht die Nationalhymne im Deutschlandfunk. Wir sind bierselig auf die Bänke gestiegen und haben mitgesungen, was wir halbwegs vom Text kannten. Der arme Wirt ist fast durchgedreht, »seid ihr verrückt?«. Wir stiegen dann schnell wieder runter, wollten dem nicht schaden und auch wieder reingelassen werden.

Ich wurde bis 1989 immer mehr politisiert, es gab zunehmend Tote an der Mauer, das radikalisierte innerlich. Als 1988 im Januar die Bohley-Gruppe verhaftet wurde bei der Liebknecht-Luxemburg-Demo, da haben wir den Weg zur Kirche zurück gefunden. Im Frühsommer 1988 sind wir zu den Gruppen gestoßen, die später zum Kern der Montagsdemos in Leipzig gehörten. Mit 400 – 500 Leuten saßen wir anfangs in der Nikolaikirche. Umwelt- und politische Gruppen, die haben mehr als in Halle das Bild geprägt, sie durften auch die Gottesdienste mitgestalten. Standen vorn an der Empore, haben Fürbitten verlesen für Verhaftete und bei Drangsalierungen. Auch viele normale Bürger waren in Leipzig, Ausreisewillige. So oft wir konnten, sind wir hin. Die Stasi war präsent, wir haben sie vom Bahnhof an gesehen, wie sie rumstanden und mitliefen. Es kamen Menschen aus sehr vielen Städten jeden Montag nach Leipzig. Im Herbst 88 sind wir auch in Halle zur Marktkirche, samstags gab es dort Gottesdienste. Die waren eher von Antragstellern dominiert, vielleicht 150, 200 Leute kamen regelmäßig. Wir haben uns Freiheiten rausgenommen, die gingen zu Raiks Zeiten noch nicht, man ist offensiv und provokant aufgetreten, hat sich regelmäßig zu Wort gemeldet. Wir haben gewusst, die Stasi ist da und hört mit. Ich wollte wahrgenommen werden und zeigen: Ich bin anwesend. Marktplatzverbot seitens der Stasi war eine Folge, um uns von der Kirche fernzuhalten. Eine unwirksame Maßnahme.

Mecke, Heiko und ich sind 1988 zum 1. Mai nach Ost-Berlin gefahren, zur Demo. Wir wollten uns das mal anschauen, an den greisen Parteifunktionären vorbeimarschieren. Der gesamte Demonstrationszug war mit Gittern abgesperrt. Man ist gar nicht in den Zug reingekommen als Fremder, wenn man sich nicht ausweisen konnte. Also sind wir rumgelaufen, am Alex vorbei zum Checkpoint Charlie, haben uns vielleicht fünfzig oder hundert Meter entfernt ans Straßengitter gelehnt, schon kam die Polizei angelaufen und hat uns zugeführt. Was hatten die drei Langhaarigen auch dort verloren? Wir verbrachten einen halben Tag im Berliner Polizeipräsidium in der Keibelstraße, unsere Personalien wurden aufgenommen, Schuhgröße, Konfektionsgröße. Letztlich ging es darum, uns einzuschüchtern. Abends durften wir nach Hause.

Waldwochenenden mit Lagerfeuer und Rotwein, um uns der FDJ-Bespaßung zu entziehen, waren zu der Zeit unsere Fluchten. Freitag ging es los mit der Bahn entweder in den Harz oder ins Elbsandsteingebirge. Unterwegs traf man viele Gleichgesinnte. Tagsüber sind wir gewandert und haben Ausschau gehalten nach einem Platz für die Nacht. Da man in der Zone nicht ohne weiteres im Wald campen durfte, kam es schon mal vor, dass nachts Vopos uns des Platzes verwiesen. Mit Faltbooten tourten wir auf Saale und Elbe, mit Übernachtung am Ufer. Ein Stückchen Freiheit erleben in der kleinen DDR.

Im Vorfeld der Ausreise hab ich noch den Arbeitsplatz gewechselt, ich hatte Werkzeugmacher gelernt, und aufgrund der Ausreisewelle waren Fachkräfte Mangelware. Ich dachte, wenn ich hier in dem Job bleibe, werde ich kaum rauskommen. Ich hab gekündigt, die Stasi drohte mit dem Assi-Paragrafen, also nahm ich einen Job als Lagerarbeiter bei der Gebäudewirtschaft an.

Im Februar 89 sind Heiko und ich nach Berlin gefahren, zur Ständigen Vertretung der Bundesrepublik in der Hannoverschen Straße. Es gab schon die ersten ständigen Besetzer dort. Wir wollten darum bitten, dass sie uns helfen in unserem Ausreisebemühen. Die alles überwachende Volkspolizei tricksten wir aus. Wir konnten kaum unser Ausreiseanliegen vorbringen, und schon wurden wir wieder von den Vertretungsmitarbeitern rauskomplimentiert. Wir waren wirklich nach zehn Minuten wieder draußen. Namen aufgenommen, Daten und fertig. Die Angestellten der Ständigen Vertretung waren sauer über die Besetzer und wollten nicht noch mehr Probleme haben. Deutsche Beamtenmentalität. Wir sind zurück nach Halle. Im April bekam Heiko seine Papiere. Er hatte fürchterlich lange gewartet. Ich war nicht entmutigt, hatte ja erst ein paar Monate den Antrag laufen.

März 1989 durfte Mecke endlich ausreisen, Heiko folgte im April. Doch vorher ging es in Leipzig erstmalig richtig zur Sache. Die Stasi griff uns an. Aus der Nikolaikirche kommend, wurden wir plötzlich in einer Straßeneinengung von Stasi-Schlägern eingekesselt. Im folgenden Handgemenge entriss ich einem Stasi-Mann einen Festgenommenen und dann nichts wie weg.

Egon Krenz bekam 1989 von mir Post. Anbei mein zerrissener Wahlberechtigungsschein zur Volkskammerwahl und die Bemerkung, dass ich diese Wahl als Farce betrachte. Umgehend kam mein Laufzettel zur Ausreise. Schnell alle Stempel bei den verrücktesten Meldestellen abgeholt, dusselige Kommentare angehört, und ab ging es in den Westen. Ein Freund hat mich nach Berlin begleitet, zum Tränenpalast. Es war ein zwiespältiges Gefühl – der Abschied von der Familie, in Halle am Bahnhof von vielen Freunden und schließlich in Berlin von dem letzten Freund – das liegt jetzt hinter mir, dachte ich. Es war kein Schritt ins Ungewisse.

In West-Berlin angekommen, wartete Raik mit Sekt und Freunden zum Empfang. Jetzt hieß es leben, zum Reflektieren war später noch Zeit. Der erste Eindruck – viel mehr Farbe, ein Unterschied wie Tag und Nacht. Am Brandenburger Tor hieß es erst mal Mauer gucken. Von der richtigen Seite! Ich wohnte 'ne Weile bei Raik und bekam recht schnell eine Wohnung mit Dirk im selben Haus. Um die Formalitäten zu beschleunigen, zog ich ins Notaufnahmelager Marienfelde für vier, fünf Tage. Ich fühlte mich willkommen, auch bei den Sicherheitschecks der Alliierten. Der Arzt unseres Vertrauens im Europacenter hat mich, wie so viele vor mir, erst mal krankgeschrieben. Das hat schon alles auf den Magen geschlagen, ich hatte dadurch Zeit, mich im Westen zu orientieren.

Im Osten verschärfte sich die Situation zunehmend, und wir kamen zu dem Schluss, dass wir nicht zum Konsumieren rübergekommen waren. Wir wollten unsere politische Gesinnung zeigen, die DDR dort angreifen, wo es weh tut! Ich konnte die Existenz der Mauer nicht akzeptieren. Sie grenzte nicht nur meine persönliche Freiheit ein, sondern noch viel schlimmer, diente sie doch der Unterdrückung der ostdeutschen Bevölkerung. Es galt, dem DDR-Regime die Gegnerschaft zu erklären. Mit unserem Handeln unterstützten wir den Freiheitswillen der Ostdeutschen. An den

Händen von Krenz, Mielke und Co. klebte Blut, da war es legitim, Mauer und Stacheldraht anzugreifen. 1989 hatten sich die West-Berliner arrangiert, und den meisten Ausgereisten war der Osten egal.

Am Tag des Mauerfalls haben wir einen alten Leipziger Freund in der U-Bahn getroffen und erfahren, dass die Mauer offen ist. Wir haben es erst nicht geglaubt, haben zu Hause den Fernseher eingeschaltet und dort die Bilder sich in die Arme fallender Ost- und West-Berliner gesehen. Wir sind sofort los zum Grenzübergang Sonnenallee, die Menschen strömten schon rüber in den Westen. Ein absolutes Glücksgefühl, Mecke und ich sind leichtsinnigerweise hundert Meter in die dunkle Sonnenallee Richtung Osten reingelaufen. Nach Halle sind wir erstmals wieder im Januar 1990 gefahren, als sich die Euphorie gelegt hatte und die ersten freien Volkskammerwahlen bevorstanden. Es ging um die Frage: Wie wollen wir eigentlich in Zukunft miteinander leben? Es gab Versuche der SED, die Menschen für sich zu vereinnahmen, da haben wir gesagt, wir müssen hin. Aktiv werden. Wir haben Flugblätter gedruckt und bei den Demos in Halle verteilt, sie wurden uns regelrecht aus der Hand gerissen. Flugblattverteilend waren wir Teilnehmer der dortigen Montagsdemonstrationen. Die SED hatte noch nicht aufgegeben und wir auch nicht.

Repressalien und Verzweiflung

Heiko Bartsch war nach seinem ersten Ausreiseantrag im September 1984 kaum Repressalien ausgesetzt gewesen. Weitgehend unbehelligt arbeitete er als Kraftfahrer und hoffte auf seine Ausreise. Zu Rückgewinnungsgesprächen lud man ihn nur selten. Um seine Entschlossenheit zu demonstrieren, sprach Bartsch daher selbständig bei der Abteilung Inneres des Rats der Stadt vor. In den Augen des MfS aber galt Heiko Bartsch nicht als »Demonstrativtäter«, der mit seinem Ausreiseverlangen an die Öffentlichkeit trat oder vielleicht sogar Kontakt in den Westen suchte. Die »Pflegebedürftigkeit des Großvaters« in der Bundesrepublik, die Bartsch als Grund für seinen Antrag angegeben hatte, war für das MfS »kein Kriterium für die Prüfung des Antrages«. Das Ersuchen auf »Familienzusammenführung« wurde abgelehnt.

Nach einem erneuten Antrag erhöhte das MfS den Druck. Heiko Bartsch hatte diesmal die Begründung deutlich verschärft: Er kritisierte die fehlende Meinungs- und Reisefreiheit, die verfehlte Friedenspolitik der DDR sowie den fehlenden Umweltschutz. Zusätzlich nannte er Einschränkungen in seiner beruflichen Entwicklung als Ausreisegrund. Heiko Bartsch wurde daraufhin im Januar 1985 ein zweites Mal gemustert. Trotz der Erklärung, auf Grund seines Glaubens den Dienst an der Waffe zu verweigern, stellte man ihn nun vor die Wahl: Entweder er leiste den Armeedienst ab, oder er gehe ins Gefängnis. Heiko Bartsch war verzweifelt. Der Großvater im Westen riet zur Totalverweigerung. Raik Adam war derselben Meinung. Erst einmal in Haft, konnte er auf Freikauf durch die Bundesrepublik hoffen. Bartsch war hin und her gerissen. Zu viele Konjunktive reihten sich aneinander. Schließlich entschied sich der von Eltern und Großeltern christlich erzogene junge Mann für die Armee.

Drei Monate später saß das Gefühl tief, alles falsch gemacht zu haben. Mit dem Wehrdienst, den Heiko Bartsch seit Mai 1985 ableistete, unterstützte er das System, das er ablehnte. Als Pionier fuhr er Soldaten von einer Baustelle zur nächsten, half beim Bau von Panzerstraßen. Manchmal schob er Wache, dann wieder marschierte er durch das Brandenburger Land, gehorchte dem Drill, der für ihn keinerlei Sinn ergab. Gebrüll, aufspringen, melden, wenn ein Offizier die Stube betrat. Die Anstrengungen auf der Sturmbahn brachten ihn an seine physischen Grenzen. Endlose Seile, tiefe Gräben und Stacheldraht. Der 3000-Meter-

Heiko Bartsch und Dirk Mecklenbeck vor dem Palast der Republik in Ost-Berlin, 1987

Lauf mit Sturmgepäck auf dem Rücken, vor der Brust die Waffe und auf dem Gesicht die Gasmaske. Im Sommer brannte die Sonne, der Schweiß sammelte sich unter dem grauen Gummi, die Scheiben beschlugen. Wer die Maske abnahm, ob aus Atemnot oder um dem Gefühl der Enge zu entfliehen, der musste Liegestütze machen. 20 Stück, in voller Ausrüstung. Reichte die Kraft nicht, so drohte die Wiederholung, bis es gelang. Auch psychisch stieß Heiko Bartsch an seine Grenzen. Der monotone Alltag überforderte ihn: das Schweigen, um ja nichts Falsches zu sagen. Im Politunterricht die vorgestanzten Phrasen, bei Widerrede waren Einzelgespräche oder Isolation zu erwarten. Am Abend, wenn es ein wenig Freizeit gab, saß er auf seinem Bett und schrieb frustriert nieder, was ihn bewegte und wonach er sich sehnte.

Mit Neid dachte er an Raik Adams PM 12, durch den seinem Besitzer Grundrechte entzogen wurden und der dennoch verlockend war. Wie eine letzte Prüfung, der es standzuhalten galt, bevor es in die Bundesrepublik ging. Heiko Bartsch ahnte, dass er bald der letzte der vier Schulfreunde sein würde, die in der DDR gefangen waren. Bei ihm allerdings wollte sich die letzte Prüfung nicht einstellen. Nach dem Wehrdienst, so hatte ihn das Ministerium des Innern wissen lassen, könne seinem Ausreiseersuchen nicht stattgegeben werden. Selbst noch ein Jahr nach der Beendigung seiner Armeezeit wurde ihm 1987 wegen der im Wehrdienst gewonnenen militärischen Kenntnisse die Ausreise verweigert. In Bartschs Augen war das Schikane, eine weitere Haftzeit nach 18 Monaten unfreiwilliger Kasernierung. Mit mehreren Eingaben, verzweifelt und desillusioniert, wandte er sich an das Ministerium des Innern: »Während meines Dienstes in der Armee wurde mir von Vorgesetzten zugesichert, daß ich keine Nachteile haben werde, wenn ich den Wehrdienst abgeleistet habe. ... Ich werde nach meiner Ausreise keine Forderungen irgendwelcher Art an

»Null-Bock-Generation« in Halle, Heiko Bartsch, 1986

die DDR stellen. Außerdem möchte ich noch einmal meinen unumstößlichen Willen zum Ausdruck bringen, die DDR auf legalem Wege zu verlassen. ... Mir fehlen jegliche Voraussetzungen, um in der DDR weiterhin als Bürger ohne Gewissenskonflikte leben, arbeiten und ihre Weltanschauung bzw. Ideologie mittragen zu können. ... Ich will mich frei bewegen können, reisen, wohin ich will, kaufen, wann und wo ich will, meine persönliche Meinung jederzeit äußern können, ohne Angst zu haben, dafür bestraft zu werden. … Ich habe noch maximal 50 Jahre zu leben, und ich lebe nur einmal. Darum habe ich mich entschieden, wie, wann und wo ich mein Leben leben will. Dieser Entschluß ist unumstößlich.« Die Behörden reagierten mit Rückgewinnungsgesprächen, die allerdings ohne Ergebnis blieben.

Am 28. Januar 1986 besuchten Raik Adam und Dirk Mecklenbeck Heiko Bartsch in der Kaserne. In einer Dorfkneipe berichtete Adam dem Freund von seiner bevorstehenden Ausreise. Raik Adam erinnert sich: »Erst mal hat Heiko kein Wort gesagt. Er hat auf die Tischdecke gestarrt, mit den Fingern das karierte Muster nachgezogen. Ich konnte ihn ja verstehen. Er saß in dieser Kaserne im Osten fest, und ich konnte rüber. Der Schock saß tief. Ich hab Schnäpse bestellt. Dann haben wir geredet. Ich wollte vom Westen aus die Bemühungen seines Opas [auf Ausreise] unterstützen, sobald ich mein Leben eingerichtet habe. Das war schon immer unsere Vereinbarung gewesen – wer zuerst rüberkommt, der hilft den anderen.« Heiko Bartsch war wütend und wollte die Entlassung nicht mehr abwarten. Jetzt sollte vom Westen aus nachgeholfen werden, egal, welche Folgen das für ihn während der Armeezeit haben könnte.

Am Abend des 21. März 1986, um 20.15 Uhr, rückten Einheiten der Militärpolizei aus und suchten Heiko Bartsch. Zur selben Zeit wurde in der Kaserne sein Spind versiegelt. »Es ist vorgesehen, den Heiko Bartsch in der Arrestanstalt festzusetzen, zu isolieren und stündlich zu kontrollieren.« Was war geschehen?

Gegen 15 Uhr desselben Tages erreichte ein Zug der Deutschen Reichsbahn die Grenzübergangsstelle Bad Brambach/Voitanov. Unter den Passagieren befand sich Dirk Mecklenbeck, sein Reiseziel war Karlovy Vary in der ČSSR. Dort wollte er sich mit dem bereits ausgereisten Raik Adam treffen. Der langhaarige, in Leder gekleidete Metaler war bereits während der Fahrt von der Trapo kontrolliert worden. In den folgenden zwei Stunden bis zur Grenze konnte er die Nervosität nicht mehr ablegen. Er versteckte Briefe, die er heimlich mitführte, im Mülleimer seines Abteils. An der Grenzübergangsstelle gab es eine weitere Kontrolle durch Zollbeamte. Dirk Mecklenbeck versuchte seine Nervosität zu überspielen und einen Witz zu reißen: »So viel Aufwand, nur um die sozialistischen Freunde zu besuchen?« Die Zollbeamten stellten das Abteil auf den Kopf. An der Grenzübergangsstelle wurde er von MfS-Angehörigen der Passkontrolleinheiten festgenommen, da er »12 … Briefe mit politisch-negativem Inhalt bei sich geführt und diese vor der Zollkontrolle zu verbergen gesucht hatte«.

Der Schreiber dieser Briefe war Heiko Bartsch, der Adressat der mittlerweile in der Bundesrepublik lebende Raik Adam. Das MfS konstatierte, Heiko Bartsch schreibe »in diffamierender Weise über angebliche Schikanen bei der NVA«. Bartsch und Adam hatten vereinbart, die Briefe in den Westen zu schmuggeln. Adam sollte sie an das Bundesministerium für innerdeutsche Beziehungen, sowie die Organisationen Hilferuf von drüben und Amnesty International weiterleiten und so Bartschs Ausreiseantrag unterstützen.

Heiko Bartsch wurde am Standort seiner Einheit in Neuseddin von der Militärstreife in einer Kneipe verhaftet. Ohne Angabe von Gründen brachte man ihn am nächsten Tag in die Zentrale der Staatssicherheit in die Berliner Magdalenenstraße. Noch war ihm der Grund für seine Verhaftung, der Vorwurf einer »ungesetzlichen Verbindungsaufnahme« in den Westen nach § 219 StGB, nicht bekannt. Zwei Tage lang folgten Verhöre, mit immer denselben Fragen. Welche Verbindungen bestehen zu Raik Adam und Dirk Mecklenbeck? Woher sind Ihnen die oben genannten feindlichen Organisationen bekannt? Was hat es mit den Notizen auf sich, die in Ihrem Spind gefunden wurden? Welche Verbindungen haben Sie in die BRD? Als Bartsch den

der genannten Grenzübergangsstelle ein.

Frage: Weshalb versteckten Sie die von Ihnen mitgeführten Briefe im Abfallbehälter des Reisezugwagens?

Antwort: Meine Absicht bestand eigentlich nicht darin, diese Briefe zu verstecken, sondern ich wollte mich dieser Briefe entledigen.
Entweder noch vor dem Bahnhof in Plauen oder nach der Ausfahrt des Zuges aus dem Bahnhof in Plauen wurde ich von Angehörigen der Transportpolizei im Wagenabteil kontrolliert. Auch bei dieser Kontrolle wurde ich bereits gefragt, weshalb ich ohne eine entsprechende Rückfahrkarte in die CSSR fahren will. Desweitern war den Angehörigen der Transportpolizei aufgefallen, daß ich für den beabsichtigten dreitägigen Aufenthalt in der CSSR kein Gepäck weiter bei mir führte. Ich meine damit Kleidungsgegenstände. Außerdem war ich für die Witterungsverhältnisse relativ "leicht" bekleidet. Das hing damit zusammen, daß bei meiner Abfahrt in Halle etwa eine Temperatur von 10 Grad plus herrschte und unterwegs während der Fahrt erst Schneefall einsetzte. Zum Ziel meiner Reise hatte ich auch entgegen den Tatsachen angegeben, daß ich mich mit Freunden in der CSSR treffen wolle.
Ich habe bereits zu diesem Zeitpunkt mitbekommen, daß man meine Angaben anzweifelte und deshalb rechnete ich an der Grenzübergangsstelle auch mit einer entsprechenden Kontrolle durch den Zoll. Mir war klar, daß man bei mir auf alle Fälle eine Taschenkontrolle durchführen wird. Da ich die Briefe in meiner Jackentasche mitführte, wären sie dann auch vorgefunden worden.
Erst zu diesem Zeitpunkt wurde mir eigentlich klar, daß ich wegen des Inhalts der Briefe, in denen sich der Bartsch gegen die bestehenden Verhältnisse in der DDR und in der NVA ausspricht, Schwierigkeiten bekommen könnte. Vorher hatte ich mir darüber noch keine solchen Gedanken gemacht.
Deshalb hatte ich mir zunächst auch überlegt, die Briefe aus dem Fenster zu werfen. Dann bin ich aber zu dem Entschluß gekommen, diese Briefe in den Abfallbehälter zu werfen. Darüber, daß ich mir damit die Möglichkeit erhalten hätte, die Briefe nach der Grenzkontrolle wieder an mich zu nehmen, hatte ich mir zu diesem Zeitpunkt noch keine Gedanken gemacht. Mir ging es zunächst lediglich darum, mich dieser Briefe zu entledigen. Außerdem kann ich auch jetzt nicht mit Bestimmtheit sagen, ob ich nach dem Pas-

Auszug aus dem Verhörprotokoll des Ministeriums für Staatssicherheit mit Dirk Mecklenbeck, 21./22.3.1986

sieren der Grenzübergangsstelle die Briefe wieder an mich genommen hätte. So wichtig war mir diese Sache nun auch wieder nicht.

Frage: Nehmen Sie nochmals Stellung, weshalb die Übergabe der von Ihnen mitgeführten Briefe an Ihren jetzt in Berlin (West) wohnhaften Cousin erfolgen sollte!

Antwort: Ich kann auch jetzt dazu nichts anderes sagen, als zu Beginn meiner Befragung. Mein Cousin hatte mir mitgeteilt, daß er diese Briefe als Andenken an seinen Freund haben wollte. Das habe ich ihm geglaubt, obwohl das unter jetziger Sicht von mir sicherlich sehr naiv war. Ich hatte mir aber tatsächlich keine weiteren Gedanken darüber gemacht.

Frage: Hat Ihr Cousin ausländische Stellen, Einrichtungen oder Personen im Zusammenhang mit der Durchsetzung seiner Übersiedlungsabsichten nach der BRD eingeschalten?

Antwort: Mein Cousin hat irgendwie entweder weitläufige Verwandtschaft in der BRD und auch zwei seiner ehemaligen Schulfreunde wohnen seit etwa einem Jahr in Westberlin. Ob er aber im Zusammenhang mit der Durchsetzung seiner Übersiedlungsabsichten nach der BRD diese Personen mit einbezogen hat, oder über diese Personen staatliche Stellen der BRD mit einbezog, entzieht sich meinen Kenntnissen.

Frage: Inwieweit hat der Bartsch ausländische Stellen oder Personen zur Durchsetzung seiner Übersiedlungsabsichten nach der BRD eingeschalten?

Antwort: Meiner Erinnerung nach habe ich vor der Übersiedlung meines Cousins in die BRD von diesem erfahren, daß sich der Bartsch mit seinem in Bayern wohnhaften Großvater schreibt und daß dieser angeblich den Bartsch helfen will, damit dieser in die BRD übersiedeln kann. Was da aber alles gelaufen ist und ob durch den Großvater des Bartsch auch staatliche Stellen der BRD mit eingeschalten wurden, weiß ich nicht. Darum habe ich mich auch nicht gekümmert.

Auszug aus dem Verhörprotokoll des Ministeriums für Staatssicherheit mit Dirk Mecklenbeck, 21./22.3.1986

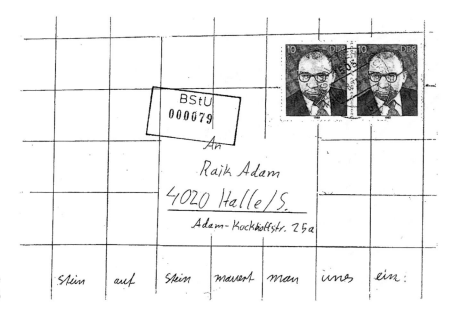

Briefumschlag eines der Briefe von Heiko Bartsch, 1985

Verhörern des MfS sagte, dass Kontakt zu einer Rechtsanwältin in West-Berlin und zu Amnesty International wegen seines Ausreiseersuchens bestehe, verließen sie den Raum und beendeten das Verhör.

In den vom MfS beschlagnahmten Briefen beschwerte Bartsch sich über »den Geist der Leute hier. Es ist bei Uniform-Menschen, wo sie auch arbeiten, immer das gleiche. Es gibt viel zu viel von denen.« Er erwähnte, dass auch in der Kaserne Briefe überwacht würden, und schrieb: »Muß dieser Staat nur eine Angst haben!« Am Nationalfeiertag der DDR, dem 7. Oktober 1985, schrieb er: »Heute ist ja dieser Tag der Selbstdarstellung in Berlin. Da kann es ja einem nur übel werden, wenn man das hört bzw. sieht. Da ist mehr Stasi unter der Bevölkerung und auf den Dächern als Ost-Berlin Einwohner hat. Was man doch für eine Angst hat vor der Bevölkerung, die aber laut Presse voll hinter diesem Staat steht. Was für eine Farce!«

Besonders belastend war für Bartsch die Versetzung in die Stabskompanie, in der er Wachdienst mit geladener Waffe leisten musste: »Ich bin in die Stabskompanie versetzt worden! Schlimmer konnte es gar nicht kommen. Es werden hier nur Dienste geschoben, Wach- und Tagesdienste. Du kannst Dir jetzt bestimmt ausmalen, in welcher Verfassung ich bin. Die letzten Wochen, die mir Auftrieb gegeben haben, sind nun Tagen tiefster Resignation gewichen. So komisch es klingt, ich könnte mich in die Ecke setzen und losheulen.« In den in seinem Spind gefundenen Notizen hielt er fest: »Ich bin jetzt an einem Belastungspunkt angelangt, wo ich keinerlei Garantie übernehme und Angst, ja, schreckliche Angst vor Situationen habe, die mich nach Schwedt [Militärgefängnis] bringen. Das ist mir in den letzten Tagen, in denen ich darüber nachgedacht habe, immer klarer geworden. Was wollen sie mit dieser Versetzung überhaupt erreichen? Wollen sie mich fertig machen mit dieser täglichen Konfrontation mit einer geladenen Waffe?«

Nach einer Woche Einzelhaft musste Heiko Bartsch in seine Kaserne zurückkehren. Der Kontakt zu anderen Soldaten war fortan verboten, stattdessen hatte er, isoliert von allen anderen, Küchendienst zu leisten. Ein Ermittlungsverfahren wurde nicht eingeleitet.

Barbara von der Schulenburg
Rechtsanwältin

Kurfürstendamm 36
1000 Berlin 15
Telefon (0 30) 8 82 10 61-64
Telex 186 418 reja d

RAin von der Schulenburg · Kurfürstendamm 36 · 1000 Berlin 15

Sprechstunden
nur nach Vereinbarung

Herrn
Heinz Arendt
Neuensorger Str. 16

8621 Waldhausen

05.12.88 S/RM
Frau Gürgen

Sehr geehrter Herr Arendt,

in dem Anliegen Ihres Enkels Heiko Bartsch komme ich zurück auf Ihr Schreiben, das hier am 21.10.1988 eingegangen ist.

Ich habe mich weiter bemüht. Bedauerlicherweise liegen mir bis heute noch keine Erkenntnisse vor, die auf eine positive Entwicklung in absehbarer Zeit hindeuten.

Seien Sie bitte versichert, daß die unserer Seite zur Verfügung stehenden Möglichkeiten in vollem Umfange ausgeschöpft werden. Die Entscheidung liegt jedoch letztendlich allein bei den Behörden der DDR.

Mit freundlichen Grüßen

Rechtsanwältin

Antwortschreiben einer Rechtsanwältin an Heiko Bartschs Großvater zur Ausreise des Enkels in die Bundesrepublik, 5. 12. 1988

Die nächste Generation

Dirk Mecklenbeck musste nach der Festnahme am Grenzübergang Bad Brambach seinen Personalausweis abgeben. Mit dem PM 12 war es ihm von nun an u. a. verboten, das Land zu verlassen, eine Zwangsmaßnahme, um weitere Versuche der Kontaktaufnahme mit dem Westen zu unterbinden. Keine drei Wochen später, am 9. April 1986, reichte er einen Ausreiseantrag ein. Wie bereits Raik Adam vor ihm, kündigte er die Arbeitsstelle. Das MfS notierte: Dirk Mecklenbeck »hat im Kombinat am 18. Juli 1986 gekündigt« und »wird von seinen Eltern ausgehalten, die mit dem ÜE [Übersiedlungsersuchen] des Sohnes einverstanden sind und ihn darin unterstützen«. Ein ähnliches Vorgehen wählte auch Andreas Adam, Raiks jüngerer Bruder, um dem Staat seine Arbeitskraft zu entziehen. Am 13. Oktober 1988, mit 19 Jahren, stellte er, wie das MfS mutmaßte »unter dem negativen Einfluß seines Bruders« einen Ausreiseantrag. Der Werkzeugmacher kündigte gegen den Widerstand seiner Firma. Die Ausreisebewegung hatte zunehmend zu deutlichem Arbeitskräftemangel geführt. Der gut ausgebildete junge Mann arbeitete fortan als Lagerhilfskraft. Er suchte in Eigeninitiative die Abteilung Inneres wegen seines Antrages auf, nervte die Genossen, wo er nur konnte. Auf das Verbot der Einreise in die DDR für seinen Bruder Raik reagierte er mit mehreren Eingaben an DDR-Behörden. Der Aussichtslosigkeit seines Vorgehens war er sich bewusst, wollte aber provozieren, zeigen, dass da jemand ist, »der sich wehrt ohne Angst vor Konsequenzen«.

Freizeit hieß für Andreas Adam und Dirk Mecklenbeck Heavy Metal hören, sehen, erleben. Nach der

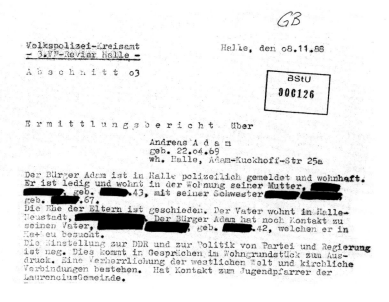

Auszug aus einem Ermittlungsbericht der Volkspolizei zu Andreas Adam, 8.11.1988

Dirk Mecklenbecks Ausweis mit selbst gefertigtem Stempel und Trauerflor, 1987

Von Dirk Mecklenbeck selbst hergestellter Button, 1987

Entlassung aus dem Armeedienst stieß Heiko Bartsch zu ihnen. An ihren Lederjacken trugen sie selbst gebastelte Buttons von »westlich-dekadenten« Bands wie Motörhead und Iron Maiden. Besondere Freude kam auf, wenn ein Nina-Hagen-Button bei den staatlichen Stellen zu Aufregung führte. Zur Einschüchterung erfolgten polizeiliche Zuführungen, einfach von der Straße weg, um einen »Sachverhalt zu klären«. Den Festnahmen begegneten die Jugendlichen mit Chuzpe. Ende der 1980er Jahre, vor dem Hintergrund der Perestroika in der Sowjetunion, war die Angst vor Repressalien geringer:

»Entfernen Sie sofort den Anstecker!«
»Warum?«
»Sie verunglimpfen den Genossen Gorbatschow, wenn Sie ihn da an der Lederjacke tragen.«
»Wieso?«
»Er ist der Generalsekretär der Kommunistischen Partei der Sowjetunion.«
»Und deswegen soll ich ihn entfernen?«
»Nein. Er passt nicht zu Ihnen.«
»Wollen Sie ihn tragen?«
»Nein!«
»Warum nicht? Von der Sowjetunion lernen, heißt siegen lernen.«

Die staatlichen Organe zu provozieren gehörte mittlerweile bei manchen der Jugendlichen zum guten Ton und war Zeichen des Aufbegehrens und Anzeichen schwindender Kontrolle zugleich. Ab dem Jahr 1988 verzeichnete das Ministerium des Innern einen deutlichen Anstieg der Ausreiseersuchen. Gleichzeitig wuchs der Druck aus der Opposition. Pfarrer luden zu Veranstaltungen in ihre Kirchen ein, die einen regelrechten Inselcharakter hatten. Draußen wartete die Staatssicherheit, kontrollierte, schüchterte ein oder verhaftete. Drinnen, unter dem Schutz des Hausrechts, saßen Menschen, denen Umweltfragen und politische Themen auf den Nägeln brannten. Proteste und Festnahmen wie die von Vera Wollenberger und anderen im Januar 1988 während der Liebknecht-Luxemburg-Demonstration in Berlin entgingen den drei Ausreisewilligen Heiko Bartsch, Andreas Adam und Dirk Mecklenbeck nicht. »In der Leipziger Nikolaikirche wurde für die Bohley-Wollenberger-Gruppe zu den

Montagsgebeten geladen. Wir sind regelmäßig mit der Bahn hingefahren. Im Vordergrund stand, diese Plattform zu nutzen, um unserem Ausreisebegehren Nachdruck zu verleihen. Aber zugleich dokumentierten wir unsere oppositionelle Einstellung zu diesem Staat.« Ab Herbst 1988 waren die drei häufig Besucher der Marktkirche in Halle. Jeden Samstag um 18 Uhr gab es Gottesdienste, die hauptsächlich von Antragstellern besucht wurden. Die IMs »Horst Winter« und »Ulli Richter« beobachteten die Teilnehmer, führten Listen mit Namen und Datum, machten Fotos und hörten mit. Die Menschen schilderten offen ihre Erlebnisse mit den Staatsorganen: manchmal sachlich, manchmal emotional, manchmal provokant. Um Dirk Mecklenbecks Aktivitäten einzuschränken, wurde er »belehrt, verwarnt und mit Auflage« versehen, den Marktplatz nicht mehr zu betreten. Bei Zuwiderhandlung drohte eine Gefängnisstrafe. Es sollte nicht das letzte Verbot für Mecklenbeck sein. Zu Beginn des Jahres 1989 besuchten die drei Freunde die Nikolaikirche in Leipzig. Nach dem Gebet versammelte sich die Gemeinde vor der Kirche. In den stummen Protest kam bald Bewegung. MfS-Mitarbeiter liefen rempelnd und pöbelnd durch die etwa 200-köpfige Gruppe, um Ausschreitun-

---

BStU 000026   4

Bartsch versuchte zunehmend Druck auf die staatlichen Organe auszuüben. Dazu beteiligte er sich aus vorgegebenen religiösen Gründen an Zusammentreffen von ASTA unter Mißbrauch kirchlicher Einrichtungen. Dabei trat er als Sympathisant und Mitläufer in Erscheinung. Aus negativer Einstellung heraus nutzte er die Möglichkeiten zur Erlangung von "Erfahrungen".

Im Ergebnis der Materialanalyse und der durchgeführten Disziplinierungsmaßnahme wird eingeschätzt, daß Bartsch aus einer verhärteten und die Staats- und Gesellschaftsordnung der DDR ablehnenden Haltung heraus keinerlei Argumente zur Einhaltung der Gesetze der DDR gelten ließ. Er bestand auf seine Übersiedlung und drohte weitere Schritte an, wenn seinem Anliegen nicht entsprochen wird. Bartsch untermauerte seine Drohung, indem er trotz auferlegter Belehrung über die Ungesetzlichkeit derartiger Treffen weiter an Zusammenkünften negativ dekadenter Personen unter Mißbrauch kirchlicher Einrichtungen teilnimmt. Der Antrag auf ständige Ausreise des Bartsch wurde durch die Abt. Innere Angelegenheiten entgegengenommen.

8. Vorgesehene Entscheidung

Die Genehmigung der ständigen Ausreise des Bartsch kann gem. § 10 (3) der RVO vom 30. 11. 88 zum Großvater erfolgen.

Leiter der Kreisdienststelle
Halle-Neustadt

Staat
Oberstleutnant

Einschätzung des Ministeriums für Staatssicherheit zur Ausreise von Heiko Bartsch in die Bundesrepublik, 1989

URKUNDE

Heiko Bartsch
geboren am 12. Februar 1965
in Halle (Saale)
wohnhaft in Halle-Neustadt,
Block 155 Haus 3

wird gemäß § 10 des Gesetzes vom 20. Februar 1967 über die Staatsbürgerschaft der Deutschen Demokratischen Republik (GBl. I S. 3) aus der Staatsbürgerschaft der Deutschen Demokratischen Republik entlassen.

Die Entlassung aus der Staatsbürgerschaft der Deutschen Demokratischen Republik wird gemäß § 15 Abs. 3 des Staatsbürgerschaftsgesetzes mit der Aushändigung dieser Urkunde wirksam.

Halle (Saale),
den 12.04.1989
Ausgehändigt am
18. 4. 1989   D. S.

Heiko Bartschs Urkunde zur Entlassung aus der DDR-Staatsbürgerschaft, 12. 4. 1989

gen zu provozieren. »Uns war klar, dass die nur darauf gewartet haben, uns mit einem »Rollkommando« plattzumachen. Das Motto keine Gewalt hat sehr gut funktioniert. Obwohl es uns schon in den Fingern gejuckt hat«, erinnert sich Dirk Mecklenbeck. Er erhielt nun ein Verbot, sich in Leipzig aufzuhalten. Wegen des Versuchs, die oppositionelle Umweltbibliothek in Ost-Berlin zu besuchen, durfte er bald auch Berlin nicht mehr betreten. Das MfS sah in ihm »einen hartnäckigen ÜE [Übersiedlungsersuchenden] mit feindlich-negativer Einstellung«. Er unterhalte zahlreiche Kontakte zu in West-Berlin lebenden ehemaligen DDR-Bürgern. Am 10. April 1989, exakt drei Jahre nach seiner Antragstellung, durfte Dirk Mecklenbeck nach West-Berlin ausreisen.

»Die Präsenz der Stasi war uns zwar willkommen«, erinnert sich Andreas Adam. »Wir wollten schließlich gesehen und registriert werden, aber es schien wohl nicht auszureichen.« Mitte April fuhren sie nach Ost-Berlin und suchten die Ständige Vertretung der Bundesrepublik auf. Wieder wollten sie die Aufmerksamkeit auf sich ziehen. Mitarbeiter der Ständigen Vertretung nahmen ihre Personalien auf. Sie ließen die Ausreisewilligen aber auch wissen, dass sich im Gebäude bereits einige ostdeutsche Besetzer aufhielten und sie es wieder zu verlassen hätten. Natürlich registrierte das MfS die Ost-Berlin-Reise von Andreas Adam und Heiko Bartsch. Endlich, nach 1660 Tagen Wartezeit, durfte Bartsch am 18. April 1989 ausreisen. Am 5. Mai 1989, zwei Tage vor der Kommunalwahl, folgte ihm Andreas Adam. Die Staatssicherheit sah in ihm jemanden, der »hartnäckig jegliche Versuche der Rückdrängung negiert und hierbei bereits geringste Zugeständnisse verweigert. ... Es ist eindeutig zu erwarten, daß A. infolge steigender Aggressivität gesellschaftliche Höhepunkte (Kommunalwahl 1989, 07. Mai) nutzen wird, um demonstrativ auf sein Ausreisebegehren hinzuweisen.«

Interview mit Heiko Bartsch

Zu meinen Großeltern hatte ich immer ein besonderes Verhältnis. Da sich meine Eltern frühzeitig scheiden ließen, waren sie meine Bezugspersonen.

Mein Großvater hatte in Halle ein Handelsunternehmen und wurde aus politischen Gründen zwangsenteignet. Er war im Gefängnis, unter anderem in Waldheim. Von dieser Zeit und den politischen und gesellschaftlichen Zusammenhängen erzählte er mir viel, wofür ich ihm heute noch sehr dankbar bin. 1979/1980 kamen meine Großeltern von einer gemeinsamen Westreise nicht zurück.

Ich war schon im kirchlichen Kindergarten mit Raik befreundet, da fing alles an. Später in der Schulzeit Vorladung der Eltern in die Schule, Verweis und die verspätete Aufnahme in die FDJ. Es ging weiter, aber das DDR-System hat für uns nicht funktioniert. Nach der Schulzeit bin ich mit Gundor viel rumgezogen. Wir sind fünf Wochen lang getrampt, bis nach Ungarn. Wir wollten über Österreich abhauen, haben es aber nicht ganz bis zum Neusiedlersee geschafft und sind von unserem Vorhaben wieder abgekommen. Ich wollte unbedingt meine Lehre als Kfz-Schlosser/Berufskraftfahrer abschließen. Zum Ende der Lehrzeit war ich schon in der Abteilung für den Fernverkehr und wurde von einem Tag zum anderen durch die Kaderabteilung des Betriebes ausgeschlossen, da ich Westverwandte hatte. Offiziell wurde das so nie begründet, aber hinter vorgehaltener Hand erfuhr ich das. Für mich war das Sippenhaft.

René ist 1985, Gundor bereits 1984 in die BRD ausgereist. Danach bin ich viel mit Raik unterwegs gewesen. Frisierte Mopeds, frei sein in den Wäldern, selbstgeschneiderte Kleidung, Punk- und Heavy-Konzerte. Wir wollten anders sein und drückten das auch in unserer Kleidung aus. Natürlich sind wir ständig mit den Gesetzen in Konflikt gekommen. Den permanenten

Andreas Adam und Heiko Bartsch (v. l.) einen Tag vor Bartschs Ausreise, Halle, 1989

politischen Druck in der DDR konnte ich auf Dauer nicht ertragen.

Nach der Lehre wurde ich für die Armee gemustert, das muss so 1983/84 gewesen sein. Mein Ausreiseantrag lief schon, und ich habe eindeutig erklärt, dass ich keinen Wehrdienst ableiste. Die Musterung wurde beendet, und für mich war das Thema erledigt. 1985 wurde ich ganz kurzfristig abermals gemustert, mit 20 Jahren. Ich musste zum Wehrkreiskommando, und die haben mir gesagt: »Sie können sich entscheiden, entweder Sie sind noch Staatsbürger der DDR und leisten Ihren Armeedienst, oder Sie gehen zwei Jahre ins Gefängnis.« Na ja, bedauerlicherweise hab ich mich entschieden, das mit der Armee zu machen. Für mich eine absolute Zwangslage, ein schwerer Entschluss. Ich kam in ein Baubataillon und wurde Fahrer für Bausoldaten, die auf den NVA-Baustellen im Umland von Potsdam arbeiteten.

Dann besuchte mich Raik in der Kaserne, um mir mitzuteilen, dass er ausreisen darf. Das war natürlich ein Hammer! Er wusste schon, er kann dann und dann gehen, und ich saß fest. Bitter. Ich hatte vorher Briefe an Raik geschrieben, wo ich meinen politischen Frust rausgelassen hab. Immer grenzwertig, immer vorsichtig formuliert, dass die mir nicht auf die Füße treten konnten. Als er mich damals letztmalig bei der Armee besuchte, um zu sagen, dass er ausreist, wollte er die Briefe zur Erinnerung mitnehmen, aber nicht gleich, sondern später, bei einem Treffen in Karlsbad. Dirk sollte die Briefe mitnehmen. Gesagt, getan. Dirk buchte nur die Hinfahrt nach Karlsbad. Dann hatte er lange Haare: Jeder, der anders aussah als der normale DDR-Bürger, war für die Grenzsoldaten sehr verdächtig. Dirk wurde an der Grenze kontrolliert und verhaftet, meine Briefe wurden von den DDR-Sicherheitsorganen entdeckt.

Zu diesem Zeitpunkt hatte ich gerade Ausgang. Ich wurde in einer Kneipe verhaftet und kam ins Gefängnis, zuerst in der Kaserne. Ein Grund wurde nicht genannt.

Am nächsten Tag ging es dann zur Stasi-Zentrale in die Berliner Magdalenenstraße. Ich wurde eingekleidet, bekam einen schönen braunen Trainingsanzug, dann zwei Tage Befragung. Die fragten mich: Wissen Sie, warum Sie hier sind? Keine Ahnung. Sie kennen doch den und den, auch Ausreisewillige, was für eine Verbindung zu Raik und Dirk bestehe. Ich hatte zu dieser Zeit keinen Kontakt zu meinen Eltern. Sie wurden beide an dem Tag, als ich zur Stasi gebracht wurde, von der Arbeit abgeholt, meine Stiefmutter und mein Vater. UKA nannte sich das, wo mein Vater für die Armee als Zivilangestellter Betten reparierte. Er wurde in Halle verhört, im Hauptgebäude der Armee. Mein Vater hat mir zur Seite gestanden, wurde mit 'nem strengen Verweis abgemahnt. Er musste seinen Beruf kündigen. Wegen mir. Absoluter Schwachsinn. Meine Stiefmutter hat im Reisebüro gearbeitet, bei ihr war nichts weiter. In meinem Zimmer haben sie nach weiteren Briefen gesucht, aber nichts gefunden.

Bei meinem Verhör wurde ich gefragt, welche Kontakte in den Westen bestehen oder wer dort mein Ausreiseersuchen unterstützt. Von meinem Großvater wusste ich, dass Kontakt zu einer Rechtsanwältin in West-Berlin und Amnesty International wegen meines Ausreiseersuchens bestand. Das gab ich im Verhör so weiter. Das Gespräch war sofort unterbrochen. Die Stasi-Leute verließen den Raum und kamen nach einer Stunde wieder. Das Verhör war beendet. Warum, habe ich nie erfahren.

Nach diesen zwei Tagen wurde ich direkt von der Stasi in den Armeeknast Berlin-Kupfergraben verbracht. Dort musste ich sieben Tage in Einzelhaft verbringen, wieder ohne jegliche Begründung oder Erklärung. In der Zelle durfte ich tagsüber nur in der Mitte stehen, beim Schlafen musste ich mit dem Gesicht zur Tür liegen, jede Stunde ging das Licht an. Rattatatam, schläft er? Erleichterung auf 'nem Hocker in der Zellenmitte. Ne halbe Stunde Ausgang in einem Kasten mit Gittern drüber.

Nach dieser Woche wurde ich wieder in meine Kaserne gebracht und durfte von nun an keinen Kontakt mehr zu den Bausoldaten haben. Ich bekam den schlechtesten Job in der Kaserne, den Küchendienst, und durfte von nun an Teller und Töpfe abwaschen. Wenn ich geahnt hätte, in welchen psychischen Druck ich durch diese ganze Situation gerate, hätte ich mich gegen den Armeedienst entschieden.

Der Ausreiseantrag lief während der ganzen Armeezeit. Mecke ist vor mir raus, ich bin offiziell zur Kommunalwahl 89 rausgekommen, die haben mich noch mal drei Jahre warten lassen. Ich hab meinen alten Job weitergemacht, Abrechnungen für den Konsum. Ich bin die Stellen abgefahren, Rechnungen zusammengesucht, abgegeben, ein ruhiger Posten. Nach der Armee bin ich mit Dirk und Andy rumgezogen, die oppositionellen Treffen in der Hallenser Marktkirche, immer samstags. 1987 ging das los, Versammlungen nach dem Gebet, Gesprächskreise, Mahnwachen mit Kerzen vor der Marktkirche. Montags sind wir nach Leipzig, wir waren mit die Ersten in der Nikolaikirche. Das ist immer voller geworden, stumme Proteste mit Kerzen, Transparente. Polizei war vorhanden auf dem Platz, aber wegen der Leipziger Messe mit ihren internationalen Gästen haben die nicht durchgegriffen. Das haben wir ausgenutzt. Der Platz hat 89 nicht mehr gereicht, und dann kam die große Geschichte.

Als ich ausgereist bin, war ursprünglich mit Raik ausgemacht, dass ich zu ihm nach Berlin komme, aber ich bin erst mal zu meinem Opa. Ich hatte eine Freundin in Halle, meine jetzige Frau. Solange das noch nicht geklärt war, habe ich in Bayern gewartet. Sie hatte keinen Antrag laufen, aber als ich drüben war, haben wir einen Antrag auf Heirat gestellt. In den Turbulenzen des Sommers und Herbstes 89 ist das untergegangen, und dann war die Mauer offen. Wir waren öfter bei Raik zu Besuch, ich hab das alles mitbekommen, was er in Berlin gemacht hat. Ich war mit Mecke und Andy in Berlin, an einem Wochenende, wo wir im Süden von Berlin den Grenzzaun aufgeschnitten haben. Die Amis oder Briten fuhren Streife, wir lagen im Graben. Das war ziemlich ruhig, trotzdem beängstigend. Vom Zaun hast du nicht viel gesehen. Einfach war das nicht, ich fand es heikel. Ganz kurzfristig haben wir das entschieden, wir müssen was tun, sind mit 'nem Bolzenschneider hin. Es war einfach notwendig, ein bisschen naiv – ich hab ein Stück Zaun im Kofferraum mit in den Westen genommen! (lacht) Wenn sie mich erwischt hätten … Mein Großvater hat das eindeutig begrüßt, er machte sich zwar Sorgen, Junge, pass auf, mit den Kommunisten ist nicht zu spaßen, aber er stand immer hinter mir.

Zur Wende war ich in Bayern, in der Nähe von Coburg, Sonneberg. Das wurde alles überflutet von Trabbis, wir sind auch zur Grenze hin. Es war so voll an der Grenze, das hab ich mir von Bayern aus angeguckt. Ein erhebendes Gefühl. Meine Freundin hatte eine Zusage, dass sie ausreisen durfte, aber das hat noch ein paar Tage gedauert nach dem Mauerfall. Jemand sagte zu ihr, warum fährst du denn nicht einfach, ist doch alles offen? Sie kam zu mir, Notaufnahme usw. – wir haben noch bis 1993 in Bayern gelebt. Berlin war uns zu viel, wir haben Raik öfter besucht, aber das war nicht unsere Stadt. In Halle hatten wir viele Freunde. In Bayern gab es viele Polstereien, ich hab das Polstern gelernt, und in Halle später gab es ein Angebot bei einem Möbelhaus, Abteilung Polstermöbel. Ich bin fast 20 Jahre in der Firma und genieße entsprechende Freiheiten.

Ich bin echt froh, dass alles so gekommen ist. Wer weiß, was noch passiert wäre. Mein Sohn versteht das nicht so richtig, das kann man schwer erklären. Es war eine Diktatur, ich find das abartig, was uns alles aufgezwungen wurde. Ich find es trotzdem gut, die andere Seite, die DDR, mal kennengelernt zu haben. Die Armeezeit hab ich versucht schnell abzuhaken, ich wollt nicht ewig drüber nachdenken, das drückst du weg. Manches kommt nach Jahren wieder hoch, wenn man Bücher liest oder Filme sieht. Das Widerlichste war der permanente Druck, keine eigene Meinung haben zu dürfen, eine Marionette von irgendwelchen Leuten zu sein. Abartig, so über Menschen zu bestimmen, egal, was die für eine Weltanschauung haben. Das geht mir bis heute nicht in den Kopf rein, wie man so über Menschen hinweggehen kann. Ist mir unbegreiflich, was der DDR-Staat mit seinen etwas kritischeren Bürgern gemacht hat.

Hendrik Rosenberg: Heavy Metal in der DDR

Nach Aufhebung des unter dem Staatsratsvorsitzenden und SED-Chef Walter Ulbricht erlassenen Beat-Verbotes im Jahre 1971 wurden schlagartig unzählige Rockbands gegründet. Ihre Musiker hatten sich bis dahin entweder in der Jazz »geflüchtet« oder den verbotenen Musikstil nur in Proberäumen und bei staatlich nicht genehmigten Auftritten gespielt. Unter den neugegründeten Formationen fanden sich etliche Bands, die sich dem Sound von Led Zeppelin, Uriah Heep, Deep Purple und anderen Hardrock-Gruppen des Westens verschrieben hatten. Diese Bands ebneten den Weg für neue Hardrock-Formationen, die sich Mitte der 1970er Jahre in der DDR bildeten. Die Fans dieser Musik konnten sie nicht nur bei Konzerten, sondern auch im Rundfunk und auf Schallplatten der Staatsfirma Amiga hören.

Anfang der 1980er erreichte die »New Wave Of British Heavy Metal« auch die DDR. Manche der schon bestehenden Hardrock-Bands schwenkten auf den härteren Sound um und fanden schnell viele Anhänger. Nachdem Bands wie Formel 1 oder Babylon republikweit große Erfolge feiern konnten, wurden – trotz staatlicher Versuche, dem Trend entgegenzuwirken – viele neue Heavy-Bands gegründet. Auch in der Hallenser Szene gab es mit Feuerstein und Panther zwei Bands, die sehr schnell populär wurden und sogar Songs für den Rundfunk der DDR aufnehmen durften.

Die Anhänger des Heavy Metal missfielen den Staatsorganen, »weil die Leute, die zu Heavy-Metal-Konzerten gehen, nicht so richtig in das frohe Jugendleben der DDR passen« (Norbert Schmidt von der Berliner Heavy-Band Formel 1). Metal-Fans widersprachen dem Idealbild des sozialistischen Jugendlichen, wie die SED es propagierte. Dabei waren die wenigsten Musiker und Fans politisch oder gar gegen den Sozialismus eingestellt. Oftmals wurden sie erst von der DDR-Obrigkeit in diese Position gedrängt. Nur sehr wenige Bands verfassten systemkritische Texte, und die Rebellion der Fans richtete sich weniger gegen das System an sich als vielmehr gegen das konventionelle »Spießbürgertum«. Der überzeugte Heavy-Metal-Fan lehnte das spießbürgerliche Leben und die in den 1980ern vorherrschende Pop-Kultur vehement ab: »Kein Popperschmalz und synthetische Klänge …!«(Liedtext des Formel-1-Songs »Heavy Metal«). Die Mehrheit der Anhänger dieser Subkultur wollte einfach nur ihrer musikalischen Leidenschaft nachgehen. Eine konsequente Verweigerung der Mitgliedschaft in den SED-gelenkten Massenorganisationen wie der Freien Deutschen Jugend, in der Gesellschaft für Deutsch-Sowjetische Freundschaft oder dem Freien Deutschen Gewerkschaftsbund war selten.

Die Metaler trugen lange Haare, hörten West-Musik, bevorzugten westliche Mode und westliche Ideen. Sie kleideten sich überwiegend in Jeans, mit Nieten

Gruppenfoto der Heavy-Metal-Band Panther, 1985

besetztes Leder und trugen die noch heute üblichen T-Shirts mit Motiven von Metal-Bands. In die DDR kamen diese Accessoires über die »sozialistischen Bruderländer« mit weniger strengen Einfuhrbestimmungen oder sie wurden von DDR-Bürgern mit Reiseerlaubnis (»Reisekader« oder Verwandtschaft) aus der Bundesrepublik eingeführt. In der DDR wurden sie zu hohen Preisen gehandelt. Echte Fans stellten T-Shirts, Leder- oder Jeansjacken mit Band-Aufnähern (sogenannte Kutten), Nietengürtel und -armbänder auch selber in Heimarbeit her. Die Ledermütze der Deutschen Reichsbahn wurde für viele Fans zum würdigen Ersatz für jenes Exemplar, das Rob Halford von der Band Judas Priest zu dieser Zeit bei seinen Konzerten trug. Die überwiegend langhaarigen und meist männlichen Fans trafen sich mit Gleichgesinnten bei Konzerten und privaten Feiern, um ihre Musik zu hören. Meist wurde dabei viel Alkohol konsumiert. Häufiger kam es zu Schlägereien und Sachbeschädigung. Wohl deshalb, aber auch aufgrund des in der Heavy-Szene der 1980er Jahre üblichen Macho-Gehabes stellten Frauen eine Minderheit unter den Fans dar.

Die Bekämpfung durch staatliche Stellen oder durch das Ministerium für Staatssicherheit (MfS) erfolgte im Vergleich zum Vorgehen gegen Rock 'n' Roll und Beat-Musik in früheren Jahren in abgemilderter Form. Aber auch diesmal waren die Musiker das Ziel staatlicher Repressalien.

Beim Erwerb der für öffentliche Auftritte notwendigen Spielerlaubnis erfolgte eine niedrige Einstufung, was eine geringere (staatlich festgelegte) Gage für die Musiker zur Folge hatte. Eine andere Schikane bestand darin, den von der Band gewählten Namen nicht zu gestatten. So kam die Berliner Band Darkland zu ihrem – noch immer provokativen – Namen, weil die Einstufungskommission (in der Vertreter der etablierten Musik-Branche, aber auch SED-Funktionäre saßen) den ursprünglichen Namen Gomorrah ablehnte.

Die Zensur der Songtexte durch das »Rundfunklektorat« (ein Gremium, das direkt dem ZK der SED unterstellt war) sorgte dafür, dass keine »negativen« oder gar kritischen Themen in den deutschsprachigen Liedtexten auftauchten. Ohne die Erlaubnis des Lektorates war eine Veröffentlichung nicht zulässig. Erst Ende der 1980er Jahre wurde die Zensur-Praxis etwas gelockert. Jetzt durften die bekannten Ostrock-Bands zumindest pseudokritische Texte verfassen. Auch englischsprachige Texte waren möglich, wurden dann aber im Rundfunk und auf Schallplatten nicht veröffentlicht.

War der Ansturm der metalhungrigen Fans bei Konzerten zu groß oder fühlte sich die Volkspolizei dem immensen Aufkommen von »negativ-dekadenten Jugendlichen« nicht gewachsen, so wurden Konzerte durch die Behörden auch schon mal abgesagt. Das führte bei den dem Alkohol nicht abgeneigten Metal-Fans zu Unmut, der oft in Vandalismus ausartete.

Auch für die Beobachtung der Hallenser Heavy-Szene durch das MfS gibt es zahlreiche Beispiele: So fanden die Musiker von Panther nach der Wende in ihren Stasi-Akten Fotokopien von Textblättern aus dem Probenraum. Fans hatten dem MfS über die Auftritte der Band, die Reaktionen des Publikums auf die Texte sowie vom Tourleben – speziell im Tanztreff Aue – berichtet. Panther-Schlagzeuger Steffen Klotz berichtet über einen Plakatentwurf der Band, der dem MfS zugespielt wurde, »auf dem eine Frau zu sehen war, die einen Panther an der Leine hielt. Diese Frau hatte eine zerbrochene Fußfessel an den Füßen – oder gesprengte Ketten, das weiß ich nicht mehr so genau. Jedenfalls mussten wir vor eine Kommission treten, die uns unmissverständlich klarmachte, dass es absolut überhaupt nicht geht, so etwas zu drucken, und was wir damit ausdrücken wollen. Die Besucher unserer Konzerte zur Revolution aufwiegeln? Jedenfalls wurde alles abgeschmettert und wir mussten das Plakat zurückziehen.« Letztendlich wurde der Band im April 1989 die

Spielerlaubnis entzogen. Sie hatte den Song »Bombenhagel« der Band Sodom mit einem Antikriegstext versehen und – in kritischer Absicht – das »Deutschlandlied« in das Stück integriert.

Auch die Musiker von Feuerstein können die stete Präsenz der Staatssicherheit bestätigen. Beim Lektorat reichten sie immer zwei Texte pro Song ein. Während die eine Version von »Frauengeschichten« handelte, war die andere zweideutig und als Gesellschaftskritik zu verstehen. Die systemkritische Version wurde regelmäßig abgelehnt. »Wir waren ja froh, dass wir geduldet waren. Unsere Produzentin Luise Mirsch wollte nicht, dass wir zu sehr in die Tiefe gingen«, resümiert Christian Sorge von Feuerstein heute. »Ich weiß noch, da gab es bei einem Titel die Zeile: ›Leben kannst du nur einmal, es gibt kein Zurück.‹ Da meinte sie, das sei zu pessimistisch. Ich erwiderte darauf, das sei die Wahrheit und mir nicht bekannt, dass man zweimal leben kann.«

Zur zeitweisen oder endgültigen Auflösung von Bands konnte auch die Einberufung mehrerer Bandmitglieder zum Wehrdienst führen. Schikanen der Behörden und »Maßnahmen« des MfS waren meist der Auslöser für Ausreiseanträge von Heavy-Metal-Musikern, die sich in ihrem künstlerischen Schaffen behindert sahen.

Für die Staatsorgane zählten die Metal-Anhänger zur Gruppe der »negativ-dekadenten Jugendlichen«. Die Volkspolizei setzte sie durch spontane Ausweiskontrollen unter Druck oder forderte sie gezielt zum Frisör-

2. Einschätzung aktueller Erscheinungsformen negativ-dekadenter Jugendlicher, deren Auftreten und Verhalten in der Öffentlichkeit sowie sich dabei abzeichnende Entwicklungstendenzen

Nach vorliegenden Einschätzungen der Bezirksverwaltungen zu aktuellen Erscheinungsformen negativ-dekadenter Jugendlicher ergibt sich folgende zahlenmäßige Übersicht:

Bezirk	Skinheads/ Sympathis.	Punker	Heavy-Metal-Fans	Gruftis	neg.-dek. Jugendliche insgesamt
Berlin	431	(ca. 200 80 Symp.)	100	150	ca. 700
Cottbus	62 / 31	53	34	21	ca. 200
Dresden	21	25	12	15	ca. 70
Erfurt	24	70	150	25	ca. 270
Frankf./O.	55	22	45	23	ca. 150
Gera	40	80	100	80	ca. 300
Halle	18 / 20	25	50	40	ca. 150
K.-M.-St.	6 / 20	55	230	60	ca. 370
Leipzig	31	60	134	85	ca. 300
Magdeburg	66	20	50	10	ca. 150
Neubrandenb.	9				ca. 60
Potsdam	148/115	105	21	60	ca. 450
Rostock	9	40	110	10	ca. 170
Schwerin	3		20	15	ca. 50
Suhl	10 / 10	20	75	9	ca. 120
GESAMT	1129	655	1151	603	ca. 3510

Auszug aus einer »Einschätzung« des Ministeriums für Staatssicherheit zu Gruppenzugehörigkeit und Anzahl »negativ-dekadenter Jugendlicher« in der DDR, 23.3.1989

Besuch auf. Die Einfuhr von und der Handel mit westlichen Instrumenten, Schallplatten und Szene-Utensilien waren illegal. Wer dabei ertappt wurde konnte vom MfS unter Druck gesetzt werden. Tatsächlich haben Szene-Angehörige Informationen an die Stasi weitergeleitet, woraus sich die nicht unerheblichen Kenntnisse des MfS über die Metal-Fans und andere Jugend-Subkulturen in der DDR ableiten lassen. Im März 1989 schätzte die Stasi die Heavy-Metal-Fans im Bezirk Halle auf etwa 50 Personen. Für die gesamte DDR sollen es 1150 Fans gewesen sein.[1] Damit machten die Heavy-Metaler neben Punks, Grufties und Skinheads etwa ein Drittel der vom MfS beobachteten Jugendlichen aus.

Zusammenfassend lässt sich sagen, dass MfS und Volkspolizei mit ihrer fast schon als besessen zu bezeichnenden Fokussierung auf die unerwünschten und dem Bild des vorbildlichen sozialistischen Jugendlichen widersprechenden Anhänger des Heavy Metal (ebenso wie Jahre zuvor bei den »Bluesern«) neue Staatsfeinde erst »produziert« haben. Dies führte dazu, dass einige von ihnen die DDR schließlich verlassen wollten oder auch politisch gegen das sozialistische Regime aufbegehrten. Die überwiegende Mehrheit der Metal-Fans interessierte sich nur für die von ihr geliebte Musik und den entsprechenden Habitus.

Anmerkung

1 Vgl. BStU, MfS, HA XX, AKG 80, Einschätzung vom 23.3.1989, Bl. 9 ff.

Ausgereist nach West-Berlin

Ankunft

Die Dunkelheit kam schnell. Der Schnee neben den Gleisen war nur noch zu erahnen. Manchmal schimmerte die schwache Beleuchtung eines Dorfes durch die Bäume des Thüringer Waldes. Gegen 18 Uhr erreichte der Zug die innerdeutsche Grenze. Lampen des ausgeleuchteten Grenzstreifens blendeten die Augen. Nach der Kontrolle durch den Zoll der DDR fuhr der Zug durch das menschenleere Zonenrandgebiet in Richtung Westen. Irgendwann tauchte am Horizont ein blaues Licht auf, sehr intensiv, unbekannt und befremdlich. Was er zunächst für ein Ufo gehalten hatte, war eine Aral-Tankstelle.

Raik Adam schaut kurz nach seiner Ankunft in West-Berlin über die Mauer auf den Osten zurück, Februar 1986.

»Herzliche Glückwünsche aus dem Westen sendet Dir Dein Freund Raik zum Geburtstag.« Eine vom MfS abgefangene Postkarte an Heiko Bartsch, die ihn nie erreichte, belegt Raik Adams Ankunft im Aufnahmelager Gießen. Der nach DDR-Recht nun Staatenlose erhielt eine Identitätsbescheinigung, warmes Essen, ein Bett. Seinem Wunsch, nach West-Berlin weiterreisen zu dürfen, wurde nicht entsprochen. Im bayerischen Coburg suchte man dringend Sattler. Nach zwei Wochen des Überwältigtseins von Farben und fremden Gerüchen, des Menschenkennenlernens und des Alleinseins erschien dem jungen Mann die malerische Stadt zu spießig. Er wusste um das aufregende Leben seiner alten Schulfreunde René Boche und Gundor Holesch in West-Berlin. Dort gab es angeblich 5000 Kneipen und Klubs. In der Ausreiseszene kursierte damals der Tipp, antiquarische Sachen im Osten einzukaufen, um sie im Westen gewinnbringend wieder zu verkaufen. Die silberne Taschenuhr, die Raik Adam in Halle für 2000 DDR-Mark erstanden hatte, brachte ganze 90 D-Mark ein. Es reichte für eine Fahrkarte von Nürnberg nach West-Berlin. Mit dem neuen Reisepass der Bundesrepublik in der Tasche bestieg er am 20. Februar 1986 den Interzonenzug. Stunden später hielt er für 30 Minuten in Halle, der Stadt, von der er gedacht hatte, sie nie in seinem Leben wiederzusehen. »Ich hatte da zu meiner großen Überraschung kein bißchen Wehmut gespürt. Komisch, oder?«, schrieb er einige Tage später Heiko Bartsch in die Kaserne.

Am Bahnhof Zoo erwarteten ihn die alten Freunde. Schampus floss, um »das Wunder« zu feiern. Der erste Weg führte an die Mauer. Am Abend gab es dann eine Begrüßungsparty. Raik Adam war glücklich über den Start im Westen. Eine Krankschreibung wegen psychischer Überlastung infolge der DDR-Vergangenheit brachte ihm Geld und Zeit. Er ließ sich fallen, pro-

Blick von West- nach Ost-Berlin am Martin-Gropius-Bau, 1987

bierte, suchte, träumte. Am Tage Sightseeing, abends Großstadtsafari durch die Klubs. Die mittlerweile westerfahrenen Freunde führten ihn herum, erklärten ihm die Vielfalt alternativer Lebensformen und zeigten ihm Warenhäuser mit riesigem Angebot. Er staunte und hielt das Geld zusammen, um nicht in einen Konsumrausch zu verfallen. Die Stadt schien ihm vertraut, war etwas heruntergekommen, die Mentalität der Menschen näher an der eigenen als im bayerischen Coburg. Die vielen ehemaligen Hallenser, die sich in West-Berlin tummelten, machten ihm den Übergang leichter. Wirtschaftlich ging es ihnen dank staatlicher Unterstützung gut: Die Kosten für den Lebensunterhalt waren gering, die Mieten billig. Sie lebten in den Tag hinein. Adam zog bei René Boche ein, bestaunte Gundor Holeschs vollkommen leere Wohnung in Kreuzberg, deren Wände schwarz lackiert und eines Punks mehr als würdig waren. Sieben Wochen nach seiner Ankunft wusste Raik Adam, dass er hier leben wollte. Ob mit seinen Hallenser Freunden oder ohne sie hatte keine Bedeutung, Hauptsache West-Berlin. Was er in den ersten Wochen zunächst am Leben seiner Freunde ignoriert hatte, begann ihn nun zunehmend zu stören. Zum Frühstück kiffen, das Leben ausschließlich dem Party-Modus unterwerfen, tricksen, um Sozialhilfe zu beziehen, entsprach nicht seinen Vorstellungen. Was

Raik Adam in Marokko, kurz vor Marrakesch, 1986

seine Freunde zunächst für einen Scherz hielten, machte Raik knapp zwei Monate nach seiner Ausreise wahr: Er nahm eine Arbeit als Sattler an.

1986 war für Raik Adam ein Jahr der Entdeckungen. Die Welt rief, und vom ersten Gehalt leistete er sich ein Auto, schrottreif, aber fahrtüchtig. Er machte sich auf, um durch die Bundesrepublik zu reisen. Er wollte die neue Heimat kennenlernen: Hamburg und die Nordsee, München, Köln. Mehrere Wochen Marokko folgten, ein Hippieleben am Atlantik, Amsterdam kam dazu. Bis zum Fall der Mauer bereiste er 15 Länder. Das Fernweh wurde gestillt. Metal-»Götter« wie Ozzy Osbourne und die Scorpions erlebte er live beim »Monsters-of-Rock«-Festival in Nürnberg. »Freiheit«, sagte er sich, »lässt sich auch mit Arbeit erleben.« Im Sommer kam die Demonstration gegen die Wiederaufarbeitungsanlage in Wackersdorf dazu und die einschneidende Erkenntnis, das erste Mal in seinem Leben seine Bürgerrechte wahrnehmen zu können. »Ökologie war nach den Erfahrungen in der mit Umweltgiften verseuchten Stadt Halle für mich ein Thema. Ein Problem, mich kurz nach meiner Ausreise gegen den Atomstaat zu positionieren, hatte ich nicht.« Weitere politische Aktivitäten gab es zunächst kaum. Er ging seiner Arbeit nach, entdeckte Land und Leute. Der Abstand zu den Hallensern jedoch wuchs, je mehr Raik Adam um die »kleinen Geschäfte« seiner Freunde wusste. Mit einem Bein im Gefängnis zu stehen kannte er aus der DDR. Er zog bei René Boche aus und mietete in Neukölln eine Wohnung. Im Haus wohnten vier weitere Hallenser. Es lag nur 200 Meter von der Mauer entfernt.

»Zu Beginn meiner West-Berliner Zeit habe ich mich kaum weiter mit der Mauer auseinandergesetzt, zu sehr hat mich das neue Leben in Anspruch genommen. Lebensfreude konnte schließlich die Beschäftigung mit der Mauer nicht produzieren, und mein Leben bereitete mir nun viel Freude. Grundsätzlich war es möglich, ungestört und unbelästigt seinen Alltagsgeschäften nachzugehen, ohne die Mauer als störend zu empfinden. Für uns Ostler war es ja auch nichts Neues, hinter der Mauer zu leben. Hier war ich wenigstens auf der richtigen Seite!«

Politisierung

Ab 1987 änderte Raik Adam schrittweise seine Haltung in Bezug auf Mauer und DDR. In der »Bronx«, seinem Kreuzberger Stammklub, lernte er Henry Krause kennen. Krause trug lange Haare wie er, kleidete sich in Leder und war ein Freund härterer Musik. Der ehemalige Altenburger war anders als Adams bisherige Freunde und Bekannte. Unter denen galt der als im Westen angekommen, der die DDR ignorierte. Henry Krause dagegen interessierte sich für das Geschehen im Osten. Krause hatte eine bewegte Vergangenheit. Der Fluchtversuch, den er mit 18 über Bulgarien unternommen hatte, scheiterte vier Kilometer vor der griechischen Grenze.

Er saß eine Freiheitsstrafe von 18 Monaten ab und konnte anschließend in den Westen ausreisen. Die ostdeutsche Herkunft, ähnliche Erfahrungen mit der Staatssicherheit und der gleiche Musikgeschmack machten Raik Adam und Henry Krause unzertrennlich. Sie besuchten Konzerte, Rockdiscos und Kneipen. Sie fuhren schnell einmal nach Nürnberg oder Regensburg zum Feiern oder zusammen nach Karlovy Vary zu Familientreffen. Mit einem alten Mercedes ging es quer durch Europa. Gemeinsam lauschten sie dem ehemaligen SED-Funktionär Hermann von Berg in der »Urania«, der den Untergang der DDR-Wirtschaft vorhersagte. Sie waren bei Auftritten der Ost-Liedermacher Panach und Kunert, besuchten Lesungen von ausgereisten Autoren wie Siegmar Faust, Jürgen Fuchs und Joachim Oertel. »Politik und der Osten«, erklärt Raik Adam »waren seitdem wieder ein Thema in meinem Leben, allein wegen Henrys politischer Aktivitäten. Auseinandersetzungen mit ihm gab es von meiner Seite nicht, da seine politische Arbeit für mich okay war. Es ging ja gegen den Osten! Natürlich versuchte Henry mich zu agitieren. In seinen Augen hatte ich, zumindest in Teilen, eine zu lasche Einstellung dem Osten gegenüber. Er hatte sein Knasttrauma, und ich hatte mir in der DDR den Spaß am Leben durch die Roten nicht nehmen lassen. Ich sag nur Heavy Metal! Er war überzeugter Antikommunist, ich überzeugter Anti-DDRler. Er war der lebende Widerspruch! Einerseits wollte er in Kreuzberg inmitten der Subkultur leben, andererseits war er tief konservativ, Mitglied der Jungen Union [JU; Jugendorganisation der CDU] und hegte große Sympathien für Franz Josef Strauß.«

Obwohl Raik Adam sich zum linken und autonomen Spektrum Kreuzbergs hingezogen fühlte, fanden der DDR-Flüchtling und die Freunde aus der »Szene« nie wirklich zueinander. Abends saßen sie fröhlich in der Kneipe, tranken und feierten. Kamen sie auf Politik zu sprechen, drifteten die Meinungen weit auseinan-

Henry Krause und Raik Adam, 1987

Henry Krause und Raik Adam
in der Bundesrepublik, 1987

der. Im Herbst 1987 verstärkten sich die Gegensätze. Raik Adam wollte auf der Schule für Erwachsenenbildung (sfe) in Kreuzberg auf dem zweiten Bildungsweg das Abitur nachholen. Die Schulleitung war politisch links eingestellt. Es gab keinen Leistungsdruck und keine Noten. Raik Adams Motivation war groß und der Lebensunterhalt dank BAföG gesichert. Die basisdemokratische Struktur der Schule, der antiautoritäre Führungsstil, das Mitspracherecht der Schüler, so fand Raik Adam, behinderten das Lernen. »Jeder Anlass wurde genutzt, um politische Diskussionen im Unterricht vom Zaune zu brechen. Westdeutsche Bürgerkinder, die Weltrevolution spielen wollten. Habe mich anfangs eingemischt, aber schnell eingesehen, dass gegen deren Dogmen nichts zu machen war. Damit war ich der Revanchist an der Schule und galt als unsicherer Kantonist, besonders, wenn ich »linke« Themen wie Ökologie und Anti-Atomkraft besetzte. In deren Augen galt die DDR als legitimer Versuch eines Gesellschaftsentwurfes.«

Mit Henry Krause dagegen fanden sich Gemeinsamkeiten. Der Freund zog in Raik Adams Nachbarhaus. Der wurde nun politisch aktiv. Der Einstieg erfolgte über die Internationale Gesellschaft für Menschenrechte (IGFM), deren Mitglied Krause war. Das MfS ließ mehrere umfangreiche Gutachten über diese Organisation anfertigen, deren Ziel die Verwirklichung der Menschenrechte in den kommunistischen Diktaturen war. Glaubte man dagegen der DDR-Wochenzeitschrift *Horizont*, wurde die Organisation »in Wahrheit von imperialistischen Geheimdiensten gesteuert« und verfolgte »konterrevolutionäre Ziele«. In einem Papier des MfS aus dem Jahr 1985 ist zu lesen, die IGFM betreibe »Versuche zur internationalen Diskriminierung der sozialistischen Staats- und Gesellschaftsordnung«. Sie wiegele die Bürger der DDR »zur Mißachtung der Rechtsordnung ihres Staates« auf und missbrauche sie »zur Vorbereitung und Durchführung spektakulärer politischer Provokationen«. Dank seiner Informanten waren dem MfS die Aktionen der West-Berliner Ar-

Mitglieder der Internationalen Gesellschaft für Menschenrechte (IGFM), links Raik Adam, 1987

beitsgruppe der IGFM im Vorfeld bekannt. Ähnlich gut war das Ministerium über die Namen und Wohnorte der Vorstandsmitglieder informiert. Die Mitgliederlisten, in denen nicht wenige Angehörige der JU und ehemalige DDR-Bürger geführt wurden, waren ebenso in seinem Besitz.

»Die Entspannungspolitik der CDU-Regierung«, erklärt Raik Adam, »gefiel verständlicherweise nicht jedem von der IGFM. Das war ein konservativer Verein, manchmal erzkonservativ. Wenn Henry zu denen ging, ließ er seine Metal-Klamotten zuhause. … Der Osten war maximal verhasst! Kalter Krieg war bei denen angesagt. Für mich war die offensive Auseinandersetzung mit den SED-Verbrechern wichtig, aber allein ging das eben nicht. Also habe ich bei ausgewählten Aktionen mitgemacht. Ansonsten trennten mich sowohl ideologisch als auch optisch Welten.«

Mitglied in der IGFM wurde Adam nicht. Stand eine Aktion an, wurde er von Henry Krause informiert. Ging sie in die von ihm gewünschte Richtung, beteiligte er sich. Flugblätter in einer West-Berliner Fußgängerzone zu verteilen oder sie in den Grenzstreifen zu werfen gefiel ihm nicht. »Was sollte da passieren? Wen sollten die im Todesstreifen erreichen? Die Grenzer ließen die Flugblätter doch gleich wieder verschwinden.« Auch Demonstrationen vor dem sowjetischen Konsulat oder der diplomatischen Vertretung Polens waren für ihn nicht interessant. Raik Adam ging es darum, die Bürger in der DDR zu erreichen. Er wollte sie aufrütteln, etwas gegen das System zu unternehmen.

Kontakte und Kontrollen

»Die Fahrt über die Grenze hatte eigentlich immer einen Unterhaltungswert. Die Büttel des SED-Regimes mussten ihrer trostlosen Arbeit nachgehen, während ich frei durch die Welt zog, ohne dass sie mir in irgendeiner Form gefährlich werden konnten.«

Ganz so ungefährdet, wie Raik Adam damals glaubte, war seine Situation nicht. Sechs Wochen nach der Ausreise im Februar 1986 wollte er seine Familie wiedersehen. Wegen der gegen ihn verhängten Einreisesperre vereinbarte die Familie als Treffpunkt Karlovy Vary in der ČSSR. Bei der Ankunft war die Freude über das unverhofft schnelle Wiedersehen groß. Ohne dass die Familienmitglieder es ahnten, war auch der Staatssicherheit das Treffen bekannt geworden. Es kam über die Jahre bis zum Mauerfall zu weiteren Treffen mit Freunden und Verwandten, auch in Ungarn und auf den Transitstrecken. Während der Treffen versuchte Raik Adam, so mutmaßte die Staatssicherheit, seine Bekannten »im Sinne der PID [Politisch-ideologische Diversion] zu beeinflussen«. Was er genau tat, entging den Genossen glücklicherweise. Seine Aktivitäten hätten sonst eine Festnahme und eine Gefängnisstrafe nach sich gezogen. Adam schmuggelte ab 1987 politische Magazine und verbotene Bücher ins Land. Hans Nolls »Tagebuch einer Ausreise«, im Jargon des MfS »Kontrapropaganda«, galt als »Leitfaden« für eine erfolgreiche Übersiedlung. »Das DDR-Regime gehörte für mich bekämpft, mit meinen bescheidenen Mitteln. Das hieß auch, dass ich mich für die Ausreise von Heiko Bartsch und meinem Cousin Dirk Mecklenbeck engagierte.«

Raik Adam suchte den Kontakt zu offiziellen Stellen der Bundesrepublik, um die Ausreisebemühungen der beiden zu beschleunigen. Er schrieb den West-Berliner Justiz-Senator Rehlinger an, der den Freikauf von DDR-Häftlingen organisierte. Er wandte sich an den SPD-Vorsitzenden Hans-Jochen Vogel und den bayerischen Ministerpräsidenten Franz Josef Strauß. Unterstützung erhielten seine Freunde und Verwandten durch Pakete des Deutschen Staatsbürgerinnen-Verbands, den Raik Adam um Hilfe gebeten hatte.

Dem MfS entgingen Raiks Aktivitäten nicht. Das Betriebstelefon der Mutter wurde abgehört, die von Adam nach Halle gesandte Post kontrolliert. Raik Adams Antrag, die lebensbedrohlich erkrankte Großmutter in Halle zu besuchen, wurde abgewiesen. Selbst eine einmalige Einreise anlässlich ihres Todes wurde mit der Begründung abgewiesen, »daß Herr Adam unerwünscht ist«.

In Hinsicht auf Adams politische und private Aktivitäten stellte das MfS fest: »Eine Fahndung ist im Transitverkehr BRD-WB zur Kontrolle der Treffaktivitäten erforderlich.« Fahndung bedeutete zunächst Beobachtung und Kontrolle, konnte bei Verletzung des DDR-Rechts aber auch Verhaftung bedeuten. Bei jeder Fahrt über die Transitstrecke folgte ihm ein Wagen von West-Berlin quer durch die DDR zu einem der Grenzübergänge in die Bundesrepublik. Bei der Rückkehr nach West-Berlin wiederholte sich die Prozedur. Insgesamt, so ist den minutiösen Aufzeichnungen der Staatssicherheit zu entnehmen, 90 Mal. Mitunter musste er am Grenzübergang ohne Angabe von Gründen Stunden in einem abseitigen Bereich warten, bis ein Fahrzeug für die Beschatter des MfS bereitstand. Während der ersten Fahrten über die Transitstrecke blieb Raik Adam die Observierung noch verborgen. Später, wenn sie mit mehreren Autos unterwegs waren, machten er und seine Freunde sich einen Spaß daraus, sich ganz offen zu kontaktieren. »Der Eindruck der Zusammengehörigkeit und der Bekanntschaft der PKW-Insassen wurde dadurch bekräftigt, dass beide PKWs bis zum Kilometer 103 – Autobahnabfahrt Halle-Brehna – gemeinsam fuhren und sich die Insassen fortwährend zuwinkten.«

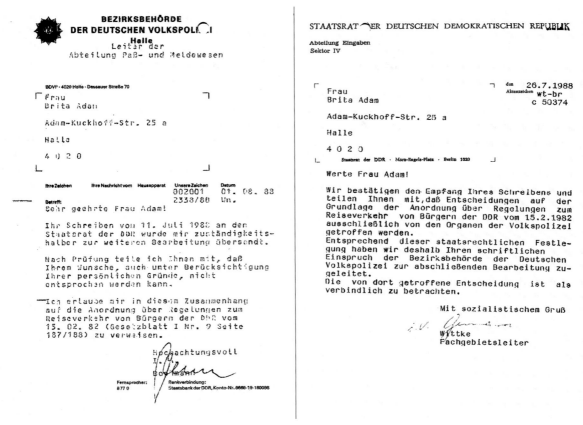

Bescheide der Volkspolizei und des Staatsrates der DDR zu Raik Adams Antrag auf Einreiseerlaubnis in die DDR, 1988

Wie weit die Observierung durch die Stasi ging, lässt sich den Akten des MfS entnehmen. Durch eine Arbeitskollegin der Mutter Raik Adams war das MfS über Neuigkeiten und Veränderungen im Leben der Familie Adam informiert. Raik Adams West-Berliner Wohn- und Arbeitsverhältnisse waren genauso bekannt wie die Höhe seiner Miete und seine Urlaubsziele. Die Bespitzelung fand aber nicht nur auf der östlichen Seite der Mauer statt, sondern erfolgte auch in West-Berlin.

Das Haus in Neukölln, in dem ab Februar 1986 Raik Adam mit den Hallensern zusammenlebte, geriet in den Fokus der Staatssicherheit. Das MfS beobachtete nicht nur Adam, sondern auch dessen ehemaligen Schulfreund René Boche, den es als OPK »Poet« (OPK – Operative Personenkontrolle) führte. »Zum B. liegen operativ-bedeutsame Informationen vor, die eine Verbindung zu feindlichen Stellen nicht ausschließen lassen. B. unternimmt derzeit große Aktivitäten,

Liste von Geldbeträgen, die das MfS der IM »Susanne Kurz« für ihre Tätigkeit auszahlte, 1986

Übersiedlungsersuchenden aus dem Verantwortungsbereich aktive Unterstützung zur Erreichung ihrer Zielstellung zu geben.«

Wie die Informationen über Boche zum MfS gelangten, lässt sich anhand der Akten gut nachvollziehen: René Boche fuhr mehrmals in die ČSSR und traf sich dort mit Freunden aus Halle. Unter ihnen befand sich auch Jens N., der als IM »Heinrich Bock« für das MfS arbeitete. Aber N. lebte in Halle, und das »Operationsgebiet« West-Berlin war weit weg. Wie also konnte er die Verbindung zu René Boche aufrechterhalten? Auf Veranlassung des MfS schrieb N. fortan fleißig nette Briefe und Postkarten. Er baute Kontakt zu René Boches Mutter auf, um Vertrauen zu gewinnen und mehr über Boches Pläne und Absichten zu erfahren. Das Vorhaben scheiterte jedoch an René Boches »Schreibfaulheit« und seinem unsteten Lebenswandel, wie die Staatssicherheit resigniert feststellen musste. Das MfS griff daher auf eine andere Kontaktperson zurück.

Die in der DDR als IM »Vera Stein« angeworbene Evelyn P. wollte von Halle nach West-Berlin übersiedeln. Als Grund gab sie die Heirat mit einem Bürger der Bundesrepublik an. Das MfS sah seine Chance und griff zu. Evelyn P. verpflichtete sich, auch im Westen weiter für die »Organe« der DDR zu arbeiten. Die Staatssicherheit gewährte ihr die Ausreise mit dem Hinweis, dass sie bei Bruch der Vereinbarung mit »nachteiligen Folgen zu rechnen habe«. Genaueres ließen die Genossen offen. Aber die Drohung verfehlte ihre Wirkung offenbar nicht. Der Auftrag an IM »Vera Stein« sah die »Aufklärung, Kontrolle und Bearbeitung von ehemaligen DDR-Bürgern in Westberlin« vor. Besonders interessiert war das MfS an Verbindungen zwischen früheren DDR-Bürgern und Ausreiseantragstellern in der DDR, an der Planung von Aktionen gegen die DDR sowie an eventuell daran beteiligten westdeutschen Organisationen.

Evelyn P. reiste am 10. Januar 1984 nach West-Berlin aus. Ihre Verpflichtung, diesmal in der Mauerstadt als IM für die Staatssicherheit tätig zu sein, war gerade einen Monat alt. Sie knüpfte fleißig Kontakte zu ehemaligen Hallensern und ließ die Informationen dem MfS zukommen. Eine wichtige Rolle spielte dabei ihre Mutter Johanna K., die unter dem IM-Pseudonym »Susi« bereits seit 1954 ihre Kenntnisse weitergab. Am 28. Februar 1986 erneuerte auch sie ihre Verpflichtungserklärung. Diesmal wählte sie den Decknamen »Susanne Kurz« und bekam ein Dauervisum, das ihr Reisen in die Bundesrepublik und nach West-Berlin ohne Antragstellung erlaubte. Sie besuchte ihre Tochter und gab deren Wissen an das MfS weiter. Stadtpläne mit den darin verzeichneten Wohnungen der Hallenser lagen genauso vor wie die Nummern ihrer Telefonanschlüsse und die Kennzeichen der PKWs. Selbst Probleme mit der West-Berliner Polizei waren bekannt wie auch die eingereichten Anträge auf Sozialhilfe, die als Kopien vorlagen. Seit Raik Adam ab 1988 im Umfeld der IGFM tätig war, bekam er anonyme Anrufe: »Wenn ich abnahm, war keiner dran. Zum Teil im Zwei-Stunden-Rhythmus. Erst habe ich mir nichts dabei gedacht, aber dann fiel mir auf, dass die Anrufe nur an ganz bestimmten Tagen kamen. Der 17. Juni, 13. August oder 7. Oktober waren für den Osten sensible Tage. Heute gehe ich davon aus, dass das anonyme Überwachungsanrufe waren. Die kontrollierten, ob ich an den besagten Tagen zu Hause oder an irgendwelchen Aktionen beteiligt war.«

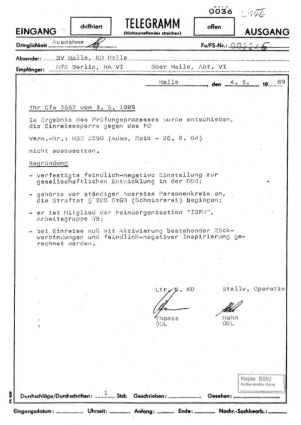

Ablehnung der Einreise Raik Adams in die DDR durch das MfS (Kreisdienststelle Halle), 4.5.1989

Politische Aktionen in West-Berlin

Sie hatten Bedenken, dass alles in Polen landen könnte. Für den Abend des 16. Juni 1987 war starker Wind vorhergesagt. Sie parkten ihre Autos außerhalb der Sichtweite der DDR-Grenzsoldaten. Niemand sollte mithilfe ihrer Nummernschilder ihre Namen herausbekommen. Es gab Leute unter ihnen, die dieses Vorgehen für übertrieben hielten, aber die hatten sich nicht durchsetzen können. Mit einem Handwagen zogen sie die Sachen auf die Wiese vor dem Reichstag. Damit niemand im Osten sie sehen konnte, hielten sie sich im Sichtschatten des Gebäudes. Als sie den ersten Ballon mit Heliumgas füllten, tauchten hinter der Mauer DDR-Grenzaufklärer auf, die sie beobachteten und fotografierten. Die Aktion wurde nun aktenkundig. Raik Adam, Henry Krause und andere IGFM-Mitglieder hängten die Flugblätter an die Ballons. Sie wollten warten, bis der starke Wind etwas abflaute. Sie rauchten und wandten ihre Gesichter ab, um von den Grenzaufklärern nicht erkannt zu werden. Der Wind zerrte an den prall gefüllten Ballons. Nach einer Stunde entschieden sie, die Halteschnüre zu durchtrennen. Die über einen Meter großen Ballons wurden schnell kleiner und trieben über die Mauer in den Osten hinüber. Ob der Auslösemechanismus zum Abwurf der Flugblätter funktioniert hatte, erfuhren sie nie.

»Alle haben ihre Gesichter hingehalten, weil wir nichts zu verlieren hatten. Es kam zu verbalen Auseinandersetzungen, wir standen auf der weißen Grenzmarkierung. Uns gegenüber ist ein Spezialkommando aus dem Osten aufgezogen. Natürlich wurden wir fotografiert. Wir wissen heute, dass es uniformierte Stasi-Leute waren. Die waren nicht sichtbar bewaffnet, Sommerhemdchen, Hütchen. Deeskalierendes Outfit. Wir haben versucht, mit denen zu diskutieren, aber die haben sich auf kein Gespräch eingelassen. Das schaukelte sich im Laufe des Abends hoch. Einige haben denen die Mützen geklaut, manch einer hat gespuckt. Letztlich kam die West-Berliner Polizei, hat sich dazwischengestellt und uns zurückgedrängt. Wir skandierten: ›Deutsche Polizisten schützen Kommunisten!‹«

Die spontane Demonstration am Abend des 13. August 1988 am Checkpoint Charlie bestand, so erinnert sich Raik Adam, aus etwa 150 ehemaligen DDR-Bürgern. Das Aggressionspotential war hoch. Der Jahrestag des Mauerbaus sollte genutzt werden, um auf die Unterdrückung in der DDR hinzuweisen. Am Tage war es bereits zu einer Demonstration auf dem Adenauerplatz gekommen, organisiert von der IGFM. Raik Adam war als stiller Beobachter am Rande dabei. In der DDR kam zu seinem Ärger nichts davon an, stattdessen reagierten die Autonomen. »Die fühlten sich genötigt, gegen die Reaktionäre von der IGFM anzutreten. Mit denen hatte ich den Abend zuvor noch in einer Kreuzberger Kneipe gefeiert. Jetzt standen wir uns gegenüber. Zum Glück gab es nur Verbales, aber heftig genug war es.« Raik Adams und Henry Krauses Leder-Outfit, das dem der Autonomen nicht unähnlich war, half ihnen bei weiteren Aktionen. Nachts zogen sie durch Kreuzberg, im Kofferraum Plakate gegen den Krieg der Sowjetunion in Afghanistan. Die *BILD*-Zeitung meldete am nächsten Tag: »Unbekannte klebten in Kreuzberg Plakate für die Freiheit Afghanistans.« Die Mitglieder der IGFM jubelten über den Coup »in der Sympathisantenhochburg der Kommunisten«, wie Raik Adam sich erinnert. Ähnlich gingen sie vor, als sie das Büro der DDR für Besuchs- und Reiseangelegenheiten, inoffiziell auch »Passierscheinbüro« genannt, in Kreuzberg plakatierten. Auf rosafarbenem Hintergrund war der »flüchtige Dachdeckergeselle« Erich Honecker zu sehen, der zur Fahndung ausgeschrieben war. Die Ver-

Demonstration gegen die Mauer am Checkpoint Charlie, West-Berlin, 1988

brechen, derer man ihn beschuldigte, waren Anstiftung zum Mord an DDR-Flüchtlingen und Freiheitsberaubung in 17 Millionen Fällen. Hinzu kamen die Vorwürfe des Menschenhandels mit politischen Gefangenen und die Bildung einer kriminellen Vereinigung mit der Bezeichnung SED. Am nächsten Morgen beobachteten Adam und Krause, wie Mitarbeiter des Büros – in der Regel handelte es sich um Angehörige des MfS – eilig die Plakate wieder entfernten.

Bei weiteren Aktionen im Winter 1988/89 blieb Raik Adam ebenso unentdeckt. Mal löste er in Reinickendorf Muttern und Bolzen aus dem Streckmetallzaun, der West-Berlin dort umgab, wo keine Mauer stand. Mal demontierte er ganze Streckmetallfelder in Lübars oder Lichterfelde. In der Beschädigung der Grenzanlagen sah er eine Methode, der DDR Schaden zuzufügen. Es sollte nicht bei dieser Form der Aktionen bleiben.

Interview mit Andreas D., 1979/80 als Grenzsoldat an der Berliner Mauer stationiert

Ich war zwanzig, als ich an die Grenze kam. Vorher trug ich lange Haare, interessierte mich für Rock- und Bluesmusik. Meine Favoriten waren die Stones, mit denen bin ich groß geworden. Ich hab fast ausschließlich West-Musik konsumiert, Ost-Musik hat mir nicht gefallen. Meine Idole kamen aus dem Westen, aus England, aus den Staaten. Ich hab versucht, einigermaßen durchzukommen, war eher zurückhaltend. Politisch hab ich mich für keine Seite engagiert, nur mit Freunden hab ich mich über das eine oder andere unterhalten, mich lustig gemacht. An die Musterung kann ich mich nicht mehr erinnern, aber gesagt hat mir keiner, dass ich an die Grenze komme. Da war alles möglich, Panzer oder sonst was. Grenze war für mich eine Überraschung. Mir wurde mitgeteilt, wohin ich komme, ein Kommentar oder Wunsch meinerseits stand nicht zur Debatte. Verweigerung kam für mich nicht in Frage, denn ich wollte nicht in den Knast. Außerdem hatte ich Beruf mit Abitur gemacht, und ich musste machen was die sagen, sonst hätte ich Ärger bekommen. Ich wollte im Anschluss studieren. Deshalb bin ich gleich mit 18 verpflichtet worden. Ich hatte einen Studienplatz. Was ich machen wollte, wusste ich in dem Alter noch nicht wirklich, aber die Eltern waren besorgt und wollten das Beste für einen. Ich sollte was Vernünftiges machen, und Bauingenieur – das war ein ordentlicher Beruf. Was Besseres ist mir nicht eingefallen.

1978 im November bin ich zur Fahne. Ein halbes Jahr war Grundausbildung in Wilhelmshagen bei Berlin. Es war eine relativ große Kompanie. Nichts Spezialisiertes, alle kamen an die Grenze. Erst zum Schluss wurde vorgelesen, wo du hinkamst, du gehst in LKW 1, 2, 3, 4 oder 5 … und dann bist du losgefahren und irgendwo gelandet. Ich kam nach Kleinziethen, in der Nähe von Großziethen. Das müsste bei Rudow sein, man sah die weißen Neubauten. Ich glaube, die Leute, bei denen man sich nicht 100 Prozent sicher war, die kamen an die grüne Grenze und die anderen in die Stadtmitte, ins Zentrum. An die Brennpunkte, wo die Grenze anzufassen war. Wo wir waren, da war die Grenze noch ziemlich weit weg, es gab Rieselfelder. Am Ende der Streckmetallzaun. Keine Mauer, durch den Zaun konntest du durchgucken. Die Mauer war nicht einheitlich in Berlin, es wurde viel gebaut und geändert. Wenn Bauarbeiten waren, gab es vorher besondere Einweisungen. Oder wenn Russen auf der Flucht waren. Die normale Vergatterung gab es vor jedem Grenzgang. Als jemand, der nicht zur Armee musste, wusste man auch schon, dass dort Grenzer mit einer Waffe stehen und auch schießen konnten damit. Und geschossen haben. Man hat sich so seine Gedanken gemacht, weil man Angst hatte, dass mal ein Grenzdurchbruch passiert. Vor allem in der Nacht hat man sich mit Leuten ausgemalt, mit denen man auf dem Posten war, (wenn der okay war, keiner, der einen angeschissen hätte) – was würdest du denn machen, wenn da vorne morgen 'ne Leiter steht, wenn du siehst, wie einer wegläuft? Was machst du denn da? Kletterst du hinterher? Wählst du zwischen Westen und Knast? Du wusstest ja, wenn das passiert, nehmen die dich hoch. Wenn die dir nachweisen konnten, dass du den angeblich nicht gesehen hast. Dann ging's ab nach Schwedt, das stand fest. Ein Teil hat gesagt, in dem Fall hinterher, dann hauen wir hier ab. Nur einer hat gesagt, er hätte geschossen. Die Mehrheit meinte, in die Luft schießen, und wenn es einer schaffen sollte, hinterherrennen, bevor andere Leute das merken. Sonst wär' es vorbei gewesen. Das war alles komisch, wenn du da 18 bist. Die Ungewissheit, der du ausgeliefert warst. Deine Eltern sind hier, deine Geschwister, deine Kumpels ... Meine Eltern hätte das stark getroffen, ich war nach jeder Nachtschicht heilfroh, wenn ich kurz eingenickt war, dass da keine Leiter an der Mauer stand! Das hat keiner leichtgenommen, jeder war froh, wenn er die ganze Kacke hinter sich gehabt hat. Die Zeit hat alle verändert.

Mit den Offizieren konnte man nicht reden, die waren 10 oder 25 Jahre verpflichtet. Die haben ihr Ding gemacht, Alkohol war ständiger Begleiter bei ihnen. Die waren teilweise noch breit, wenn die Schicht anstand. Sie waren genauso im Zwiespalt wie wir und wussten, dass einiges nicht so funktioniert. Die haben als Junggesellen in der Kaserne gewohnt, in einer Art Baracke, als Dienstwohnung. Tags waren sie an der Grenze, und abends saßen sie in ihrer Bude und haben sich die Kante gegeben. Was anderes blieb denen nicht übrig. Mit denen konnte man auch nicht über den Dienst an der Mauer reden, es wäre niemandem im Traum eingefallen, über etwas zu reden, was gegen einen verwandt werden konnte. Nie, nie. Maximal mit jemandem, dem man annähernd vertrauen konnte. Ein gewisses Gefühl dafür hatte man schon mit zwanzig.

Wir waren eine kleine Kompanie, haben in Baracken aus Pressplatte gewohnt, mit Ofenheizung und Doppelstockbetten. Waffen gab's in der Waffenkammer. War schon ein komisches Gefühl. Es wurde drauf geachtet, dass keine Kugel im Magazin war. Nach dem Dienst musste man in einen Raum, wo das Magazin überprüft wurde, dass keine Kugel im Lauf ist. Man war verantwortlich für eine bestimmte Waffe, das Putzen war ein Tagesordnungspunkt. Wir saßen zusammen, haben die Knarre auseinandergenommen, geölt und wieder zusammengesetzt.

Insgesamt war ich sechsmal im Urlaub. Jedem Soldaten, egal wo er »diente«, standen im Halbjahr ein Kurz- und ein Erholungsurlaub zu. Alles andere waren Gefälligkeiten. Ich weiß nicht mehr genau, wie lange der jeweilige Urlaub war, aber sicher nicht mehr als insgesamt zehn Tage. An der Grenze konnte es passieren, dass du gleich am Anfang einen Kurzurlaub hattest und dann nach zwei oder drei Monaten den Erholungsurlaub. Bei mir lagen Monate dazwischen, Ausgang kann ich an einer Hand abzählen.

Eine EK-Bewegung [EK = Entlassungskandidat] gab es erst in den Grenzkompanien. Dort waren dann die Soldaten, die aus den Ausbildungskompanien kamen, die »Dachse«, also zuständig für Reinigung und alles Unangenehme. Das blieb einem erst als EK erspart.

Eine andere Meinung zu haben oder kundzutun war unvorstellbar. Man hat sich angehört, was die einem erzählt haben. Das ging hier rein und da raus. Ich hab versucht, das alles nicht an mich ranzulassen. Nicht drüber nachzudenken. Mein Bandmaß angeguckt und wusste, okay, noch soundso viele Tage. Irgendwann gehen die auch noch rum. Dann bin ich hier raus. Zu Hause war das kein Thema. Die hätten das nicht verstehen können. Das war vertane Zeit. Heute ist das weit weg, wie von einem anderen Planeten. Ich kann mich kaum noch dran erinnern. Weil ich nicht groß drüber nachgedacht habe. Probleme hatte ich nur mal wegen Sauferei. Wir hatten uns zugelötet, und ich war nicht in der Lage, zum Grenzdienst zu gehen. Da hab ich ein bisschen Bau gekriegt. Es wurde innerhalb der Kompanie geklärt, ein paar Tage Knast. Wir haben viel Energie drauf verwendet, immer was zu trinken zu haben und ordentlich einen zu heben. Das hat Spaß gemacht. Ausgang hieß Kneipe, und zu Hause haste alles darangesetzt, zu feiern. Wegzugehen und dich zuzulöten, klar. Dann bist du zurück, und es ging wieder von vorne los. Alkohol war richtig gut Thema. Alle waren phantasievoll, wenn es hieß, das Zeug reinzukriegen. Man konnte ja nichts mit zum Turm nehmen, aber je nach Dienstplan hatte man auch ein paar Tage frei. In der Kaserne gab es keinen Alkohol zu kaufen. Die Offiziere durften trinken, aber nicht exzessiv. Wir haben das Zeug aus dem Urlaub mitgebracht, in den Reisetaschen oder vom Ausgang; haste Geld mitgegeben, dann wurde was am Zaun rübergeschmissen.

Zum Grenzdienst kam Objektwache, jeweils acht Stunden. Wir sind mit dem LKW an die Grenze gefahren. Mit selbst geschmierten Broten in der Brotbüchse. Bei uns ist selten was passiert. Es war ja schwierig, durchs Grüne an die Hinterlandgrenze ranzukommen. Jeder Unbekannte fiel auf, man konnte nicht unbemerkt an den Hinterlandzaun kommen. Von dort aus waren es manchmal noch hundert Meter bis zur Grenze, das haben wenige gemacht. Einen Zwischenfall von Westen aus haben wir auch nicht erlebt. Bei uns in der Nähe gab es Türme, von wo aus die West-Berliner sich die Mauer angucken konnten, wir mussten alles melden, was passiert. Es gab ein Gummiohr auf dem Turm, das wurde irgendwo reingesteckt, und du konntest dich mit dem zuständigen Offizier auf dem Hauptturm verständigen. Das haben auch alle anderen Turmbesatzungen gehört. Im letzten Diensthalbjahr, als Entlassungskandidat, bin ich manchmal zum Postenführer gemacht worden. An der Grenze mussten Postenführer und Posten zusammenhalten. Schikane gab es bei mir nicht.

Als es vorbei war, war ich heilfroh. Geil war das. Die letzte Schicht hab ich ganz besonders in Erinnerung, das Klopfen im Takt am LKW, das Gebrülle und Gesinge. Wir haben viel gesungen, nach bekannten Melodien mit anderen Texten, aber nur auf der Fahrt von der Grenze in die Kaserne, nach dem Grenzdienst. Der Offizier, der immer hinter dem W 50 in einem Kübelwagen fuhr, hat das Dröhnen der Gewehrkolben und das »Gegröle« aus dem LKW genauso gehört wie der Unteroffizier in der Fahrerkabine oder die Anwohner der Dörfer. Es war natürlich streng verboten, und umso mehr Spaß hat es gemacht, wenn die ganze Kiste erbebte. Typisch Grenze, die Lieder hat man von den EKs gelernt. »Lasst uns zum Tor hinaus / hier hält's kein Schwein mehr aus / Wir haben die Schnauze voll bis obenhin.« Wir haben den Elfertakt geklopft und gesungen [Intro der populären Sportsendung des Fernsehens der DDR »Sport aktuell«] – das wollten die nicht, klar. Manchmal haben sie den ganzen LKW bestraft, wenn das richtig zum Tragen kam. Alle EKs haben gesungen, wir haben das gelernt, und die nach uns auch. Es hat ja alle angekotzt, keiner war freiwillig da, und so konnte man das zum Ausdruck bringen. Dass uns das auf den Sack geht. Singen war anonym. Die eine Hälfte waren »Dachse«, die durften nicht mitsingen. Die andere Hälfte EKs, die haben geklopft und gesungen. Das hat Laune gemacht, lief dir 'ne Gänsehaut übern Rücken. Dann bist du ausgestiegen, und weder der Unteroffizier noch der Offizier konnten Einzelne herausnehmen und bestrafen. Dafür wurden alle insgesamt bestraft. Irgendwas Geistloses, den Hof fegen oder so.

Ich hab zu keinem Kontakt gehalten, ich kannte auch keinen von zu Hause, das haben die extra so gemacht. Leute, die sich gut kannten, sind nicht zusammen auf den Turm gekommen. Die einen waren EKs, die anderen »Dachse«, man kannte sich nicht, da wir ja mit dem gleichen Jahrgang zusammen auf Bude waren. Man hat drei Kreuze gemacht, als es vorbei war. Es war unvorstellbar, dass das Ding, diese Grenze, mal verschwindet, es war für jeden von uns ein Bestandteil der Welt, der sich nicht verändert. Das wird immer so sein.

Radikalisierung

Ende 1988 lernte Raik Adam einen ehemaligen Gefreiten der Grenztruppen kennen, der ebenfalls nach West-Berlin ausgereist war. Nach seiner Aussage hatten Nationale Volksarmee (NVA) und Grenztruppen Schwierigkeiten bei der Neurekrutierung und müssten daher verkleinert werden. Außerdem gingen Gerüchte, dass der NVA die finanziellen Mittel fehlten. Die Berufssoldaten seien verunsichert und die Stimmung in den Grenztruppen mies. Wehrpflichtige, die früher alles abgenickt hätten, würden nun verstärkt im Politunterricht mit den Offizieren diskutieren. Themen wie die Angst vor gewaltsamen Angriffen durch »Grenzverletzer« und der Einsatz der Schusswaffe würden offen angesprochen. Selbst »Berufskader«, d. h. für längere Zeit Verpflichtete, meldeten nun leise Zweifel an. Analysen des MfS aus dieser Zeit bestätigen, dass es sich nicht nur um einen subjektiven Eindruck handelte. Zusammenfassend hielt das MfS 1989 Aussagen von NVA-Offizieren fest:

»Die Hinweise und Kritiken der Bürger sind in der Vergangenheit nicht in genügendem Maße von staatlichen Organen beachtet und berücksichtigt worden.

Partei- und Staatsführung sowie Funktionäre bis zur untersten Ebene haben sich mit der Schaffung eines ›eigenen Sozialismus‹, der aus Privilegien besteht, zu weit vom Volk getrennt.

Die Informationspolitik der DDR hat die Masse der Bevölkerung in die Arme der Westmedien getrieben, ... weshalb so viele junge Menschen den gegnerischen Einflüssen unterliegen und vielfach mit Haß auf unseren Staat ins andere Lager überwechseln.«

Zu Beginn des Jahres 1989 notierte das MfS, die Situation an der innerdeutschen Grenze sei »durch einen unvermindert anhaltenden Druck und eine weiterhin steigende Tendenz der Grenzstraftaten gekennzeichnet«. Trotz der um 20 Prozent geringeren Anzahl genehmigter Privatreisen in das nichtsozialistische Ausland bewege sich die Anzahl der Personen, die die Reisen zur Flucht nutzten, zahlenmäßig auf dem gleichen Niveau. »Der Anteil an Hoch- und Fachschulkadern ist nach wie vor sehr hoch«, stellte das MfS zähneknirschend fest. Bei Angriffen auf die Staatsgrenze allein im Bezirk Potsdam sei »eine Zunahme um mehr als das Fünffache festzustellen«. Unter »Angriffen« verstand das MfS sowohl versuchte und gelungene Fluchten als auch die Beschädigungen der Grenzanlagen.

»Ohne dass ich zunächst wusste, wohin sich das alles entwickelte«, erinnert sich Raik Adam, »war mir aber klar, irgendwas würde passieren, musste passieren. ... Denen gingen die ideologisch verblendeten Leute aus, und das wollte ich nutzen.« Adam entwickelt erste Ideen für direkte gewaltsame Angriffe auf die Mauer. Diesem Risiko wollte er sich allein allerdings nicht aussetzen. Henry Krause war in seinen Augen zwar zuverlässig, schien ihm aber für solche Aktionen nicht geeignet. Im Frühjahr 1989 konnten nach und nach erst Dirk Mecklenbeck, dann auch Andreas Adam und Heiko Bartsch die DDR verlassen. Mit ihrer Ausreise fanden sich die Personen zusammen, mit denen Raik Adam seine Pläne umsetzen konnte. Er holte seinen Bruder und den Cousin am »Tränenpalast« in der Friedrichstraße ab. Es gab eine große Willkommensparty, fünf Meter von der Mauer entfernt, mit Lagerfeuer und den Freunden aus Halle. René Boche, Gundor Holesch, auch die IM »Vera Stein« alias Evelyn P. waren dabei. Sie tanzten und tranken unter den Augen der Grenzsoldaten. Der Aufforderung der Hallenser, herüberzukommen und mitzufeiern, kamen diese allerdings nicht nach. Kurz nach Mitternacht tauchte die West-Berliner Polizei auf. Sie zeigte Verständnis für den Grund der Party, forderte die Feiernden aber trotzdem auf, sich zu trollen.

Aus den Diskussionen und Meinungsäußerungen wird deutlich, daß die Besorgnis unter den Berufskadern über die weiteren Entwicklungen unter den Bedingungen des sich verschärften Klassenkampfes zugenommen hat. Relativ häufig wird die Auffassung vertreten, daß sich unter der Zivilbevölkerung der DDR eine allgemeine Unzufriedenheit entwickelt habe. Als sichtbarer Ausdruck dafür sowie als Ausgangspunkt für weitere negative Entwicklungen werden die Erscheinungen des ungesetzlichen Verlassens der DDR und der ständigen Ausreisen bewertet. Verstärkt wurden Vorwürfe gegenüber der Parteiführung erhoben, die sich in solchen Fragen bzw. Bemerkungen widerspiegeln:

- Warum wird immer weiter die zu "rosige" Darstellung unserer Erfolge praktiziert, obwohl immer deutlicher ein Widerspruch zu den Realitäten empfunden wird?

- Kennt die Parteiführung überhaupt die konkreten Verhältnisse des Alltags und die Stimmung unter der Bevölkerung oder will man sogar über Fehler, Mängel und Schwachpunkte gar nichts wissen?

- Hat man nicht erkannt, daß eine Wohnung und stabile Preise für Grundnahrungsmittel nicht mehr genügen, um von einer Attraktivität des Sozialismus zu sprechen, zumal die meisten keine "Reden" mehr hören, sondern spüren wollen, daß es vorwärts geht?

- Warum wird es zugelassen, daß sich Schlendriane in der Produktion, Verwaltung und anderen Bereichen immer breiter machen können?

Das Stimmungs- und Meinungsbild unter den Soldaten und Unteroffizieren der NVA und der GT/DDR weicht nicht von der Einschätzung vom 12.9.1989 über erste Reaktionen ab.
Eine Reihe von Antragstellern auf ständige Ausreise äußerte unter dem Eindruck des gegenwärtigen Spektakels in den westlichen Massenmedien, daß sie sich in ihrem Vorhaben gestärkt fühlen, nach der Versetzung in die Reserve die Ausreise in die BRD durchzusetzen.
In Einzelfällen haben Soldaten erklärt, daß sie von den Ereignissen zum Verlassen der DDR inspiriert worden seien.

Auszug aus einem Dokument des Ministeriums für Staatssicherheit zu Reaktionen in der NVA und den Grenztruppen auf die beginnende Ausreisewelle, 13. 9. 1989

Ankunft von Andreas Adam
in West-Berlin, 5.5.1989

Raik Adam stellte den Neuankömmlingen seine Wohnung zur Verfügung, zeigte ihnen die Stadt, das bunte Leben Kreuzbergs. Einige Wochen später reisten sie nach Skandinavien, um einige Tage in Wäldern und an Seen zu verbringen, frei und in der Natur. Sie wollten ihre Freundschaft erneuern und noch einmal dem Leben von früher nachspüren, das sie trotz aller Repressalien vermissen würden. Der Ausflug glich einem Atemholen, bevor Raik Adam ihnen seine Ideen unterbreitete.

»Die DDR war ein Staat, der unter permanentem Legitimationszwang stand. Das Land hatte massive Minderwertigkeitskomplexe … Die brauchten Halt, und den fanden sie – wenigstens ein bisschen – in Ritualen wie dem 1. Mai, dem Nationalfeiertag am 7. Oktober … Aber auch der 17. Juni und der 13. August waren wichtig, nur eben umgekehrt. An den Tagen sollte Ruhe herrschen, während an deren Feiertagen Jubel gern gesehen war. Die reagierten äußerst sensibel auf jede Störung. Am 13. August wurde immer versichert, dass die Mauer ewig steht, um jeden Gedanken an Unruhe gleich im Keime zu ersticken. Diese Umstände habe ich erörtert und als geeignet für Aktionen empfunden. Aber nicht mit einem Schild in der Hand am Checkpoint Charlie. Es sollte denen wehtun. Die Unruhe in den Grenztruppen sollte uns dabei nützen. Der Unzufriedenheit musste nachgeholfen werden; die Typen nervös zu machen war mein Plan. Wenn noch materieller Schaden dazukam, umso besser.« Andreas Adam und Dirk Mecklenbeck waren begeistert von der Idee, die DDR von West-Berlin aus anzugreifen. Wie sie genau vorgehen sollten, wussten sie zunächst nicht. Die drei jungen Männer informierten sich über das Geschehen im Osten, in der Hoffnung, Ansätze zur Umsetzung ihres Vorhabens zu finden. Am 12. Mai 1989 war es so weit. Über die Medien erfuhren sie von

Begrüßungsparty für Andreas Adam in West-Berlin, Mai 1989

fünf westdeutschen Grünen, die auf dem Ost-Berliner Alexanderplatz mit Plakaten für eine Abrüstung in Ost und West demonstriert hatten. Nach wenigen Minuten kam es zur »Zuführung« der Demonstranten durch die Volkspolizei. Adam und seinen Freunden war weniger die Demonstration der Westdeutschen wichtig als die Reaktion der Ost-Berliner Bevölkerung. Die Medien berichteten von spontanem Beifall der zahlreichen Umstehenden. Die Gruppe war sich einig: Das aufkeimende Aufbegehren in der DDR wollte sie durch spektakuläre Angriffe auf die Mauer unterstützen. Zur gleichen Zeit beschleunigten sich die Ereignisse in der DDR. Durch Kontrollen von Bürgerrechtsgruppen konnte nachgewiesen werden, dass die Ergebnisse der Kommunalwahl am 7. Mai 1989 gefälscht worden waren. Dies war einer der Auslöser für eine sich findende Opposition. Die über Jahrzehnte aufgebaute Drohkulisse der Machthaber begann zu bröckeln. Als Egon Krenz, der stellvertretende Vorsitzende des Staatsrates und designierte Nachfolger des SED-Chefs Erich Honecker, das Massaker auf dem Platz des Himmlischen Friedens in Peking guthieß, kam in der Bevölkerung Angst auf. Würde die SED so weit gehen, scharf zu schießen und Panzer auffahren zu lassen?

»Das Gelände hatten wir zwei, drei Tage vorher ausgeguckt. Ich kannte es von diversen Spaziergängen und hielt es für geeignet. Keine Wohnbebauung, eine alte Reichsbahnbrache mit Gleisanlagen, auf denen gelegentlich noch Güterzüge durch ein Tor im Grenzstreifen gelassen wurden. Obwohl das Gelände westlich der Mauer lag, gehörte es zur DDR. Im Ernstfall gab es meiner Meinung nach genug Möglichkeiten, vor einem Beschuss aus dem Todesstreifen in Deckung zu gehen. Gerechnet haben wir mit dieser Möglichkeit. Wie die reagieren würden, war völlig unklar. Unser Ziel war, Unsicherheit unter den Grenzern und eine Störung

Blick auf die Kiefholzstraße von Neukölln (West-Berlin) aus, 1988

der Friedhofsruhe zu erreichen und die Grenzanlagen zu beschädigen, bestenfalls zu zerstören. Die Absprache vorher war klar, keine Personen verletzen!« Die Wettervorhersage stimmte, der Himmel war bedeckt. Die Gruppe fuhr zu dem ausgespähten Reichsbahngelände in Neukölln. Mit einer Streife der Alliierten oder der West-Berliner Polizei war nicht zu rechnen. Sie versteckten sich neben einer ausrangierten Eisenbahnbrücke. Die mit Benzin befüllten Flaschen klirrten in der Tasche. Sie wähnten sich unbeobachtet. Dass sie bereits bei ihrer Ankunft von Grenzsoldaten bemerkt worden waren, ahnten sie nicht. Bis zum Grenzzaun waren es etwa 40 Meter. Ein guter Werfer konnte es schaffen, den Zaun oder die Anlagen dahinter in Brand zu setzen. Die Gruppe verhielt sich einige Minuten ruhig und sondierte die Lage. Der menschenleere Grenzstreifen war ausgeleuchtet, in Ost-Berlin dagegen brannte kaum Licht. Ein letztes Mal kontrollierten die jungen Männer ihre Vermummung und schalteten die mitgeführte Kamera ein. Nach erfolgreicher Aktion wollten sie die Bilder den Medien zukommen lassen. Der erste Molotow-Cocktail landete im Sand eines Postenweges, die nächsten Flaschen flogen kaum weiter. Auf mehreren Quadratmetern brannte der sandige Boden. In der Gruppe machte sich Unruhe breit. Wieder verfehlte eine Flasche ihr Ziel. Die Irritation wuchs. Die zwei Schatten, die unter der Eisenbahnbrücke aus der Dunkelheit traten, bemerkten sie zunächst nicht. Einer der Molotow-Cocktails schlug knapp hinter den beiden Grenzsoldaten ein. Flammen schossen in den Nachthimmel.

Das MfS notierte unter der Überschrift »Handlungen gegnerischer Kräfte anläßlich des 17. Juni 1989«: »Um 23 Uhr 50 bis 00 Uhr 04 Bewerfen des Hoheitsgebietes der DDR durch maskierte Täter mit 10 Brandflaschen, Brandfläche 35 mal 5 m«. Dass einer

Der Grenzstreifen an der Kiefholzstraße während des Brandanschlags mit einem Molotow-Cocktail, 17.6.1989

MINISTERRAT
DER DEUTSCHEN DEMOKRATISCHEN REPUBLIK
Ministerium für Staatssicherheit
Technische Untersuchungsstelle

Berlin, 22. Juni 1989
Exp. Nr. 89.0844
(Bei Zuschriften stets angeben)

Exemplare
1 Exemplar

BStU 000026

Untersuchungsbericht

1. Untersuchungsobjekte

1.1. Ca. 250 ml einer gelblichen Flüssigkeit in einer 0,33 l Braunglasflasche. Etikettiert ist die Flasche "Berliner Kindl Pils Berliner Kindl Brauerei AG Berlin Alc. 4,6 % Vol"
Auf dem Flaschenboden befinden sich Sandklümpchen. Verschlossen ist die Flasche mit einem Faservlieslappen (15 cm x 20 cm), der teilweise verkohlt bzw. angekohlt ist. Die Flasche ist äußerlich mit Ruß überzogen.

1.2. Diverse Reste von Braunglasflaschen gleicher Größe und Etikettierung, teilweise mit Sand behaftet und mit Flüssigkeitsresten getränkt.

1.3. 2 0,33 l Braunglasflaschen mit unter 1.1. aufgeführter Etikettierung. Die Flaschen enthalten je 1 Stück gelblich-weißen Schaumstoff, der in Flüssigkeitsreste getaucht ist.

Übergeben wurden die Untersuchungsmaterialien in einer Plastetüte mit dem Aufdruck
  MOCKBA 1980
  Olympiabär (als Zeichnung)
  MOSCOW 1980

2. Aufgabenstellungen

2.1. Welche Flüssigkeit befindet sich in der 0,33 l Braunglasflasche 1.1. und an bzw. in den Untersuchungsobjekten 1.2. und 1.3.?

2.2. Befinden sich auf der unter 1.1. aufgeführten Braunglasflasche für Identifizierungszwecke geeignete Papillarleistenspuren?

3. Untersuchungsergebnisse

Zu 2.1.

Die gaschromatographische Untersuchung der eingesandten Proben ergab, daß der Inhalt der sogenannten Brandflasche (Untersuchungsobjekt 1.1.) Vergaserkraftstoff ist.

Die Flüssigkeitsreste in den Untersuchungsobjekten 1.3. sind ebenfalls Vergaserkraftstoff. Ebenso konnte an den Resten der Braunglasflaschen (Untersuchungsobjekt 1.2.) Vergaserkraftstoff nachgewiesen werden. Vergaserkraftstoffe sind auf Grund ihrer Zusammensetzung leicht brennbare Flüssigkeiten.

Auszug aus einem Untersuchungsbericht des Ministeriums für Staatssicherheit zum Molotow-Anschlag, 22.6.1989

Blick von Ost-Berlin auf den Ort des Molotow-Anschlags, Aufnahme der Grenztruppen, 18.6.1989

Standort der drei Freunde beim Molotow-Anschlag, markiert durch das MfS, 1989

Nicht explodierter Molotow-Cocktail, Aufnahme der Grenztruppen, Juni 1989

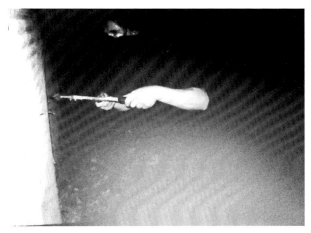

Andreas Adam beim Zerschneiden des Streckmetallzauns am Außenring in Marienfelde (West-Berlin), Juni 1989

der Grenzer seine Waffe entsicherte, durchlud und auf die Gruppe zuging, berichten die Akten nicht. Der zweite Grenzposten beruhigte seinen Kameraden und hielt ihn vom Einsatz der Waffe ab. Die Freunde waren in der Zwischenzeit in Deckung gegangen und zogen sich zurück. »Die Aktion erschien uns als das Maximale, was wir mit anarchistischen Methoden umsetzen konnten, ohne Personen zu gefährden. Auch wollten wir kein größeres Risiko zu diesem Zeitpunkt eingehen, zumal wir nicht wussten, ob uns die Stasi schon auf der Spur war. ... Für mich hatten solche Aktionen viel mehr Substanz als Demos und Flugblätter etc. Darüber hat die Stasi doch nur gelacht. Mit unseren Angriffen wollten wir dokumentieren: Es geht auch anders, und wir lassen euch nicht in Ruhe bei eurem verbrecherischen Handeln. Auch hatten wir nicht vergessen, dass erst im Februar, keine fünfhundert Meter von unserer Angriffsstelle entfernt, Chris Gueffroy von Grenzern mit Schüssen in den Rücken ermordet worden [war].«

Die Gruppe verfolgte weiterhin das Geschehen in der DDR und suchte nach einer Gelegenheit für neue Aktionen. Sie wollte »gleich nachlegen, damit die merken, das ist hier kein Spaß«. Die Männer unternahmen Ausflüge in die Stadtteile Mariendorf und Marienfelde, die direkt an die DDR grenzten. Als sie schließlich den Dörferblick in Rudow erklommen, einen Trümmerberg, war die Überraschung groß. Ungehindert konnten sie über den Grenzstreifen in die DDR schauen. Statt einer Mauer aus Beton war die Grenze durch einen Metallzaun gesichert. Die Gruppe sah hier ihre Chance. Die Freunde beobachteten den Grenzabschnitt in wechselnder Besetzung über mehrere Tage. Dank der Breite des Abschnittes waren sämtliche Aktivitäten der Grenztruppen gut sichtbar. Die Wege der Soldaten ließen sich nachvollziehen, die stündliche Kontaktaufnahme mit den Grenzoffizieren, die Ablösungen der Posten. Nach einer Woche waren sie sich sicher: Unterhalb des Dörferblicks konnten sie relativ ungehindert agieren. Sollten die Grenzsoldaten auf sie

Das von Raik Adam, Dirk Mecklenbeck und Heiko Bartsch zerstörte Streckmetallzaunfeld, Aufnahme der Grenztruppen, Juni 1989

aufmerksam werden, bestünde eine reelle Chance zu entkommen.

Im Juni 1989 wurden die »Neu-West-Berliner« von ihrem Freund Heiko Bartsch besucht, der mittlerweile in Bayern lebte und als Kraftfahrer arbeitete. Am zweiten Tag seines Besuchs beschloss die Gruppe, ihre Aktion in der Nähe des Dörferblicks umzusetzen. Heiko Bartsch, nichts ahnend und überrascht von den Plänen, fand sich nachts im Süden West-Berlins wieder, direkt vor dem Grenzzaun, schon mehrere Meter auf DDR-Gebiet. Auf der Westseite Berlins wuchsen Hecken, die Sichtschutz boten und bei einer Entdeckung als Versteck geeignet waren. Dirk Mecklenbeck reichte seinen vermummten Freunden Bolzenschneider. Leise begannen sie, den verzinkten Streckmetallzaun zu zerschneiden. Die ungewohnte Arbeit brauchte Zeit. Wenn das Metall kurz vor dem Auseinanderbrechen laut knackte, hielten sie jedes Mal den Atem an. Sie fürchteten, das Geräusch könnte von den bewaffneten Grenzern auf den Wachtürmen gehört werden. Raik Adam beruhigte sie. Die Türme seien geschlossen, die Fensterscheiben dick. Die nächste Patrouille war erst in einer halben Stunde fällig.

Sie arbeiteten konzentriert und mechanisch weiter. Dirk Mecklenbeck verfeinerte die Methode, trennte das Metall nicht mehr einfach nur durch, sondern verdrehte es kurz vor dem Bruch. Das verräterische Knacken war nun kaum noch zu hören. Nach mehreren Metern legten sie eine Pause ein. Neun Löcher waren geschafft. Sie grinsten sich an. So leicht hatten sie es sich nicht vorgestellt. Der materielle Schaden sollte groß sein und die Pioniere der Grenztruppen für einige Zeit beschäftigen. Noch vier Löcher, beschlossen sie, dann wollten sie ihre Aktion beenden. Als Dirk Mecklenbeck seinen Bolzenschneider erneut ansetzte, rutschte eine Waffe aus seinem Hosenbund. Raik Adam und sein Bruder Andreas unterbrachen ihre Arbeit. Vor Erstaunen fanden sie keine Worte. Dirk Mecklenbeck bückte sich und nahm die Waffe wieder an sich.

Zunächst war nur ein leises Brummen zu hören, dessen Ursprung die Gruppe in der Dunkelheit nicht bestimmen konnte. Sie schauten sich um. Die dichten

Raik Adam mit einem Streckmetallstück auf DDR-Gebiet, Juni 1989

Hecken reflektierten das Geräusch. Es schien aus ihrer Nähe zu kommen und sich direkt auf sie zuzubewegen. Sie starrten in die schwarze Nacht, kniffen vergeblich die Augen zusammen, ohne etwas erkennen zu können. Ihre Hände umklammerten die Bolzenschneider. Das Brummen wurde lauter. Dirk Mecklenbeck vermutete einen Motor. Vielleicht ein Kübel, wie ihn die Grenzer fuhren. Raik Adam versuchte, die Gruppe zu beruhigen. Grenzer fahren nicht nachts durch die Gegend. Die wollen genauso wenig gesehen werden wie wir. Zwei Scheinwerferkegel bogen um eine Buschgruppe und erfassten die vermummten Männer. Sie hatten keine Zeit mehr, die schützenden Hecken zu erreichen. Instinktiv ließen sie sich fallen, drückten ihre Körper flach in die feuchte Erde. Der Wagen blieb mehrere Meter vor ihnen stehen, die Scheinwerferkegel abseits auf den Grenzzaun gerichtet. Das zerschnittene Metall war in der Dunkelheit nicht zu erkennen. Raik Adam war erleichtert. Wenigstens das, dachte er, und wandte seinen Kopf Dirk Mecklenbeck zu. Die Waffe war nicht mehr zu sehen. Raik Adam beobachtete den fremden Wagen. Schemenhaft erkannte er zwei Personen, die miteinander redeten. Nach einigen Sekunden, die Adam brauchte, um die Farben des Fahrzeugs zu erkennen, musste er leise lachen. An der Seite des Wagens war ein dunkles, sternförmiges Grün zu erahnen, das im ersten Moment wie ein schwarzer, formloser Fleck gewirkt hatte. Er stieß seine Nebenleute an. »Westbullen, das sind Westbullen. Entspannt euch!«

»Der arme Heiko hat echt gelitten«, erinnert sich Dirk Mecklenbeck. »Kaum raus aus der Zone und nun schon wieder mit einem halben Fuß im Stasi-Knast.« In dieser Nacht schlief Raik Adam unruhig. Die Waffe spukte durch seinen Kopf. Am nächsten Morgen trafen sich die jungen Männer zum Frühstück. Obwohl sie ihre Aktion als Erfolg betrachteten, herrschte Schweigen. Nachdem die Kellnerin ihre Bestellungen aufgenommen hatte, verlangte Raik Adam Auskunft über die

Dirk Mecklenbeck mit brennendem Molotow-Cocktail an der Mauer in der Harzer Straße (West-Berlin), 13.8.1989

Waffe. Dirk Mecklenbeck erklärte, dass es sich »nur« um eine frei käufliche, handelsübliche Schreckschusspistole handelte. Sie sollte Eindruck machen, bestenfalls Angst erzeugen. Mecklenbeck betrachtete sie als Lebensversicherung. Raik und Andreas Adam waren wütend. Und wenn sie auf einen Grenzaufklärer der Grenztruppen gestoßen wären? Die Schreckschusspistole sah täuschend echt aus. Der Aufklärer hätte

Brennender Wachturm der DDR-Grenztruppen an der Harzer Straße (West-Berlin), 13.8.1989

Die Versuche der Staatssicherheit, die Oppositionsbewegung zu zerschlagen, schienen zu verpuffen. Die Gruppe wollte die Bewegung unterstützen, indem sie psychologischen Druck auf die Grenzsoldaten ausübte. Ihr Kalkül war einfach: Wenn es ihnen gelänge, mit gezielten Aktionen Soldaten beim Dienst an der Grenze zu verunsichern, würde die Nachricht gerüchteweise weitergetragen werden. Aus Verunsicherung, so hofften sie, entstünde dann irgendwann Angst. Vielleicht würden Grenzsoldaten sich sogar weigern, weiterhin die Grenze zu sichern. Am 13. August 1989, dem 28. Jahrestag des Mauerbaus, griffen sie von Neukölln aus den Wachturm der Grenztruppen in der Harzer Straße/Bouchéstraße an. Das Unternehmen war riskant. In West-Berlin standen unmittelbar an der Mauer Wohnhäuser. Vermummung, dunkle Kleidung und der Schutz der Nacht halfen hier nicht wirklich. Der Blick auf die beleuchteten Straßen war ungehindert, eine Meldung bei der West-Berliner Polizei schnell gemacht. Dieses Mal war die Gefahr, von den Alliierten bemerkt zu werden, weitaus größer. Die Harzer Straße lag an ihrer Patrouillenroute. Würden sie entdeckt werden, wäre eine erfolgreiche Flucht in den leicht überschaubaren Straßen kaum möglich. Der Turm lag kaum fünf Minuten von Raik Adams Wohnung entfernt.

»Andy, Mecke und ich haben mehrere Molotow-Cocktails auf den Turm geworfen. Er brannte lichterloh. Mitten im Wohnviertel. ... Die beiden Grenzer hinter den Glasscheiben hatten wir vorher gewarnt, dass es gleich heiß und hell werden würde. Die sind getürmt. Früher hätten die das vielleicht nicht gemacht, aber die wussten doch auch, was in ihrem Land so langsam abging. Warum den Kopf hinhalten für etwas, für das man nicht viel oder vielleicht sogar nichts mehr übrighatte?«

nicht lange gezögert und einfach auf sie geschossen. Sie stellten Dirk Mecklenbeck vor die Wahl: entweder ohne Waffe oder ohne ihn. Nach dem Frühstück versenkten sie die Pistole im Landwehrkanal.

Die nächste Aktion, so das Ziel der Gruppe, sollte die Grenzsoldaten »treffen«. Sie wussten, was in der DDR, was in der Leipziger Nikolaikirche vor sich ging. Die Zahl der Montagsdemonstranten wuchs an.

Am 19. August 1989, bei einem »Paneuropäischen Picknick« an der ungarisch-österreichischen Grenze, nutzten Hunderte von DDR-Bürgern die Gelegenheit zur Flucht in den Westen. In Prag besetzten zu diesem Zeitpunkt etwa 120 DDR-Bürger die Botschaft der Bundesrepublik, und täglich kamen 20 bis 50 hinzu. Am 30. September befanden sich bereits 4000 Flüchtlinge in der Botschaft. An diesem Tag saßen Raik Adam, Dirk Mecklenbeck und Andreas Adam in West-Berlin vor dem Fernseher und jubelten: Der Hallenser Hans-Dietrich Genscher, damaliger Außenminister der Bundesrepublik, gab die Ausreise der Botschaftsbesetzer bekannt. Eine Woche später, am 7. Oktober 1989, herrschte in den Straßen Ost-Berlins reger Betrieb. Die Stadtreinigung beseitigte die Reste eines gigantischen nächtlichen Fackelumzugs der FDJ. In der Karl-Marx-Allee paradierte das Militär, in den Stadtbezirken hatten Schausteller ihre Karusselle und Schießbuden aufgebaut. Es gab Bratwurst und Bier. Alles schien hergerichtet für die Feierlichkeiten. Doch die Lust war vielen Menschen vergangen. Seit Wochen flüchteten Tausende in Richtung Westen. Ihr Weggang hinterließ Irritation, auch Wut, vor allem aber Aufbegehren. Immer mehr DDR-Bürger wünschten sich Veränderungen. Dem Apparat der Staatssicherheit war dies nicht entgangen. Armeegeneral Erich Mielke erließ zwei Tage vor den Feierlichkeiten einen Befehl, um eventuelle Proteste bereits im Ansatz zu unterdrücken. Die Anreise von Personen mit »Gefahrenpotential« sollte »unter Nutzung aller Möglichkeiten und mit allen Mitteln« verhindert werden. In der Abenddämmerung begannen sich Hunderte, zumeist Jugendliche, auf dem Ost-Berliner Alexanderplatz zu versammeln. Ihr Protest galt den Ergebnissen der letzten Kommunalwahl, deren Manipulation außer Frage stand. Sie wollten mit Trillerpfeifen zum Palast der Republik ziehen und der Parteiführung ihren Unmut um die Ohren trällern. Schnell wuchs der Zug an. Schließlich füllten 3000 Menschen die Straße. Die Staatsoberhäupter der sozialistischen Bruderländer, die an den Feierlichkeiten im Palast der Republik teilnahmen, bekamen von

Wurf von Molotow-Cocktails auf den Grenzturm an der Harzer Straße (West-Berlin), 13. 8. 1989

dem Aufmarsch nichts mit. Unter den Gästen befand sich auch Michail Gorbatschow, der die DDR-Führung zu Reformen ermahnte und zum Hoffnungsträger geworden war.

Zu diesem Zeitpunkt hielten Raik Adam und seine Freunde sich ganz in der Nähe auf. Sie zeigten zwei Freunden aus Westdeutschland den Reichstag und das Sowjetische Ehrenmal. Im Osten sah man den hell er-

Angehörige der Grenztruppen beobachten die Anbringung eines Transparentes durch die Gruppe um Raik Adam an der Bernauer Straße (West-Berlin), 10.10.1989

Transparent gegen den Polizeieinsatz am 7. Oktober 1989 in Ost-Berlin, Bernauer Straße, 10.10.1989

leuchteten Fernsehturm. Über die Straße des 17. Juni gingen sie weiter zum Brandenburger Tor. Einige Touristen hatten sich dort versammelt, verschiedene Sprachen waren zu hören. Ab und zu blitzte das Licht eines Fotoapparates auf, mal hallte ein Lachen über den kühlen Platz. Ansonsten war es still. Raik Adam erinnert sich heute so an den Abend: »Ich habe erst gedacht, das liegt am Wind. Der fährt in die Bäume vom Tiergarten, der direkt hinter uns lag. Aber die haben sich kaum bewegt, und dieses dumpfe Rumoren war trotzdem da. Bald war uns klar, dass das von drüben kommen musste. Andy und ich sind auf die Mauerkrone geklettert. Ruck, zuck holten die Typen im Osten ihre Fotoapparate raus. Wir haben die Hände vor die Gesichter gehalten, um später nicht erkannt zu werden. Zwei, drei Minuten nur, dann sind wir wieder runter. War uns zu heikel. Aber das hat gereicht. Wir haben zwar nichts gesehen, dafür gehört. Irgendwas passierte im Osten. Heute weiß ich, dass da ein paar tausend Leute auf der Straße waren und zu Honeckers Lampenladen [Palast der Republik] wollten. Ihre Rufe haben sich in meiner Erinnerung eingeprägt: »Gorbi, Gorbi!«, »Wir sind das Volk!« und »Wir bleiben hier!«. Vielleicht habe ich die auch am nächsten Tag irgendwo gelesen ... Das weiß ich nicht mehr. Auf jeden Fall hatte ich Gänsehaut. Drüben passierte etwas. Und zwar öffentlich!«

Was sich in der Nacht im Ostteil Berlins abgespielt hatte, erfuhr die Gruppe später aus den Medien. Der Menschenmenge wurde der Weg zum Palast der Republik versperrt. Unter dem Druck der Volkspolizei wich sie in Richtung Prenzlauer Berg aus. Dort wurden die Straßen abgeriegelt, die Menschen in die Enge getrieben. Gegen Mitternacht dann schlug die Staatsmacht zu. Es gab brutale Gummiknüppeleinsätze und Hunderte von Verhaftungen.

Die Gruppe um Raik Adam war von den Protesten beeindruckt. Die Demonstrationen am Berliner Alexanderplatz und in weiteren Städten der DDR hatten eine neue Dimension erreicht. Die Menschen wollten bleiben, verändern, mitbestimmen. Die drei Freunde entschlossen sich zu einer neuen Aktion an der Mauer. Am Ende der Bernauer Straße, dort, wo West-Berlin endete und die DDR begann, gab es eine Beobachtungsplattform. Ungehindert ließ sich ein kleiner Einblick in das Leben der Ost-Berliner nehmen. Doch war die Plattform auch von Osten aus zu sehen.

Vermummt und mit Motorradhelmen ausgerüstet, erklomm die Gruppe den Besichtigungsturm. Weithin sichtbar befestigten sie ein großes Transparent an den Verstrebungen. Schnell kam die Reaktion: Im Todesstreifen fuhren ein Motorradfahrer und ein Kübelwagen mit Grenzaufklärern vor. Zusätzlich rückten bewaffnete Soldaten an. Das Vorgehen der Gruppe wurde genauestens dokumentiert und per Funk an die Vorgesetzten weitergeleitet. Passanten jenseits der Mauer blieben stehen, steckten die Köpfe zusammen, diskutierten leise. Einer von ihnen grüßte die Männer mit dem Victory-Zeichen. Sekunden später wurde er verhaftet und abgeführt. Das MfS verzeichnete: »Am 10.10.1989, 11:58 Uhr, erfolgte durch 3 männliche Personen das Anbringen eines Hetztransparentes am Podest Bernauer Straße, Berlin-Mitte. Größe des Transparentes 2 mal 3 m. Text: ›Freiheit und Demokratie für die DDR. Stoppt den Stasi-Terror.‹ 12:40 Uhr verließen die Personen das Podest, Transparent verblieb am Ort und wurde um 13:30 Uhr durch 2 Angehörige der Westberliner Polizei vom Podest entfernt.« »Es war unsere erste Aktion bei Tage«, kommentiert Raik Adam, »und im legalen Rahmen eines Protestes.« Einen Monat später, am 9. November 1989, fiel nach 28 Jahren die Mauer.

Nachbemerkung

Als im Februar 2013 die Recherchen zu diesem Buch begannen, hatten sich die ehemaligen Freunde aus Halle seit Jahren aus den Augen verloren. Die Freude beim ersten gemeinsamen Treffen war groß. Sie forschten zusammen in ihren Erinnerungen, korrigierten einander und sprachen aus, was sie früher vergessen oder sich nicht getraut hatten zu sagen. Die Fähigkeit, nach Jahren offen über die Ereignisse zu sprechen, Fehler einzugestehen oder über Erlebtes zu lachen, brachte sie wieder zueinander. Die DDR hat in den sechs Menschen eine tiefe Prägung hinterlassen. Ihre Erfahrungen haben Skepsis und politisches Interesse wachgehalten. Einmischung und Redefreiheit definieren ihr Leben. Selbstbestimmung ist ebenso eine Prämisse wie demokratisches Denken.

Interview mit Raik Adam

Ich hatte ein christliches Elternhaus, liberal, entspannt und durchaus DDR-kritisch, darauf bedacht, nicht anzuecken und sich in der DDR-Normalität einzurichten, ohne sich völlig zu verleugnen. Eine klare DDR-kritische Haltung besaß mein Großvater, der Familienpatriarch. Als Handwerksmeister war er selbständiges Arbeiten und Denken gewohnt, womit er sich an der DDR-Realität permanent rieb. Er prägte frühzeitig meine Anti-DDR-Haltung. Meine Familie ließ mir immer alle Freiheiten. Ich bin 1964 getauft worden. Die Taufe war sicherlich zur damaligen Zeit auch eine Art der Positionierung. Eine erste pazifistische Prägung erhielt ich im evangelischen Kindergarten, welche sich später im Entziehen der vormilitärischen Ausbildung und des Wehrkundeunterrichts äußerte.

Wir lebten in einem Teil der Altstadt von Halle, in Vor-DDR-Zeiten eine gutbürgerliche Wohngegend, während der DDR jedoch heruntergekommen, aber nicht so proletarisch verlottert wie große Teile der Stadt. Eine stille Verweigerungshaltung in unserer Straße war durchaus spürbar, zum Beispiel hingen an hohen Staatsfeiertagen keine drei DDR-Fahnen aus den Fenstern der Wohnungen. Der Niedergang der Stadt war mit Händen zu greifen, die Menschen zogen sich zurück, beobachteten nur noch und kapitulierten. Wir waren Mitglieder der Paulusgemeinde, der christliche Kindergarten befand sich im Nachbarhaus. Bis zur 3. Klasse ging ich mit Begeisterung zur Christenlehre. Die kirchliche Orientierung fußte auf der Überzeugung meiner Mutter. Mein Vater war Maschinenbauer. Auch er besaß eine ausgeprägte DDR-kritische Haltung, welche wir in unserer Erziehung auch vermittelt bekamen. Nachdem ich mich später vom christlichen Glauben gelöst hatte, bin ich vor einigen Jahren aus der Kirche ausgetreten. Dennoch genießt der Protestantismus bei mir immer noch Sympathien. Kirche und Schule hatten keine Berührungspunkte, im Gegenteil. In unserer Schulklasse gabs ab der Oberstufe eine deutliche Anti-DDR-Stimmung, Osten war nicht angesagt.

Wir waren aus den unterschiedlichsten Gründen früh politisiert. Westfernsehen gehörte dazu. Für damalige Verhältnisse sicherlich ungewöhnlich war, dass es nur zwei, drei Schüler gab, die aus staatstragenden Elternhäusern kamen, u. a. Kinder von Polizisten. Im Nachhinein stellte sich bei einem heraus, dass der Vater offensichtlich Stasi-Mitarbeiter war. Durch mein frühzeitiges Hinterfragen der DDR-Verhältnisse stieß ich erstmals in der 7. Klasse an Grenzen. Mein Mitschüler Olaf, Sohn eines Polizisten, hatte die Gründung einer Staatsbürgerkunde-AG vorangetrieben, offensichtlich mit dem Ziel, unsere allgemeine Antihaltung aufzubrechen. Verbale Auseinandersetzungen folgten: »Mach 'ne Englisch-AG, das finden wir in Ordnung. Aber deinen roten Mist wollen wir hier nicht haben.« Es eskalierte. Wir haben ihn uns gegriffen und vorgenommen. Im naiven Glauben und Unterschätzen der Verhältnisse dachten wir, die Sache sei damit erledigt. Am folgenden Schultag wurden wir ins Lehrerzimmer zitiert und trafen dort auf drei Stasi-Leute. Heiko Bartsch, mit welchem ich später zeitgleich den Ausreiseantrag stellte, ich und die beiden weiteren Beteiligten wurden aufs Heftigste von den Stasi-Leuten attackiert. Staatsfeinde und andere Verbalausfälle waren Standardbeschimpfungen, für dreizehnjährige Jungs durchaus beeindruckend. Rückblickend erstaunlich erscheint mir, mit welchem Outfit ich in der Schule damals unterwegs war: Jimi-Hendrix-T-Shirt, amerikanische Victory-Schwurhand auf der Jeansjacke, die Hose mit Amiflaggen-Aufnähern verziert. Vorher gab es diesbezüglich keinerlei Ansprachen von Seiten der Lehrer, auch die Haare waren schon schulterlang. Jetzt wurde der Direktor jedoch in unserem Beisein angeblafft, eine

Ein Imbisswagen in der Hallenser Innenstadt, 1988

Schere zu holen, und ich durfte vor den Augen der Stasi meine Klamotten zerschneiden. Es war kein Verhör, es war ein Zusammenbrüllen, welches zur Konsequenz haben sollte, mit öffentlichem Verweis von der Schule zu fliegen. Alle betroffenen Eltern wurden in die Schule vorgeladen. Von einigen Lehrern wurde ich als Rädelsführer, in der sich anschließenden Kampagne zum Beispiel als »Parasit im Fleische des Sozialismus« bezeichnet. Die Aufnahme in die FDJ wurde uns Vieren daraufhin verweigert. Diese sehr erhebliche Sanktion empfanden wir jedoch als Adelsschlag. Weder der angedrohte Schulverweis noch das Verlassen der Schule folgten, was vermutlich an unserem liberalen Direktor lag, welcher die Dinge offensichtlich beruhigte. Meine ursprünglich vorgeschlagene EOS-Delegierung war nach diesem Vorfall natürlich Geschichte.

Ein typisches DDR-Erlebnis war auch ein spontaner Besuch von mir und meinem Freund am Urlaubsort

René Boche (links nur Hand sichtbar), Gundor Holesch, Raik Adam und Heiko Bartsch als Schüler, Halle, 1978

seiner Eltern. Diese urlaubten als SED- und Kampfgruppen-Mitglieder im Grenzgebiet bei Untersuhl. Wir waren 13, 14 Jahre alt und optisch gerade in unserer Frühpunkphase: Zuckerwasser im Haar, zerrissene Jeans und die Sex Pistols im Ohr. Wir liefen gleich beim ersten Umsteigen in Marksuhl der Trapo in die Hände. Erst nach Einzelvernehmungen und umfangreichen Telefonaten durften wir weiterreisen und seine Eltern besuchen. Diese klärten uns erstmalig auf, dass es ein kilometerbreites Sperrgebiet in Richtung Westen gab. Der Anblick des Todesstreifens sowie ein erster Blick in den Westen vermittelten mir während einer Wanderung einen ersten Eindruck von der Grenzsituation der DDR. Dies hat mich nachhaltig beeindruckt und beschäftigt. Die Familie meines Freundes war durch ihre kommunistische Verwandtschaft, DKP-Mitglieder, eng mit dem Westen vernetzt. Durch diese Kontakte konnte mein Freund monatlich postfrisch das westdeutsche Jugendmagazin *Elan* beziehen. Dies wurde von der DDR finanziert und im Westen als SDAJ-Publikation verlegt. Die Hefte ermöglichten uns immer topaktuell einen Einblick in die westdeutsche Jugend- und Protestkultur. Von Udo Lindenberg über BAP und Hannes Wader bis Black Sabbath waren wir immer auf dem neuesten Stand. Spezielle Themen, wie Kriegswaffen in Ost und West in Zeiten der Hochrüstung, haben uns damals erheblich politisiert, speziell unter dem Aspekt, dass es im Osten bekanntermaßen keine Pressefreiheit gab.

In unserem Viertel gab es viel Westbesuch. In einem Haus gegenüber wurde dies für mich spannend, als ich alt genug war. Ich freundete mich eng mit einem Mädchen an. Das Besondere war natürlich ihre westdeutsche Herkunft, und die sorgte bei uns für Aufregung. Sicherlich abenteuerlich, vierzehnjährige Westdeutsche sind doch eher nach Spanien gefahren. Später folgte ein längerer Briefkontakt mit der Erkenntnis, dass wir uns unter normalen Umständen wohl nicht wiedersehen würden. Kult und äußerst inspirierend war für mich seinerzeit das Buch »On the Road« von Jack Kerouac. Es betraf zwar die Beatgeneration weit vor uns, beschrieb aber Freiheit, Trampen und Abenteuer in beeindruckender Weise. Der wochenendlichen FDJ-Jugendklubkultur entzogen wir uns immer mehr. Motorräder, die wir uns ab der 10. Klasse zulegten, gaben uns die Freiheit, uns abseits der trapoüberwachten Bahn im Land zu bewegen. Hippiewochenenden, nur wir Jungs, Elbsandsteingebirge oder auch Ostsee. Unterwegs sind wir immer wieder auf die etablierte Tramper- und Hippiekultur getroffen, die auch Wochenende für Wochenende unterwegs war. Höhlensurfen im Elbsandsteingebirge, wilde Partys, Lagerfeuer, Gitarren, immer wieder Ärger durch Förster in ABV-Begleitung. Die Schulzeit ging zu Ende, und die Berufswahl stand an. Mit meinen Schulfreunden René Boche, Gundor Holesch und Heiko Bartsch wurde schon während der 9. und 10. Klasse der Weggang in den Westen thematisiert. Wir fragten uns, was wird aus uns in der DDR. Eine typische DDR-Karriere bei den herrschenden beschränkten Möglichkeiten erschien mir keine Option. Dass es eine Schlussakte von Helsinki gab, in der unter anderem die Grundrechte auf Freiheit und Wohnortwahl definiert waren, war uns damals nicht bekannt. Ausbildung und Lehre waren daher erst mal ein Muss. Den Strukturen eines VEBs wollte ich mich aber auf keinen Fall aussetzen. Über Kontakte erhielt ich einen der begehrten Ausbildungsplätze in einer privaten Sattlerei. Die Handwerksarbeit mit natürlichen Materialien erschien mir damals eine Möglichkeit. Ökologie im industriell stark belasteten Halle war für mich ein wichtiger Aspekt.

Punk war immer eine Option für uns. Im Stadtbild hat man sie kaum gesehen, aber man kannte ein paar Leute, von denen man wusste, sie gehörten zur Szene. Viel spielte sich in den Jungen Gemeinden ab, Konzerte usw. Die offene Arbeit der Gemeinden war zu der Zeit nicht mehr so mein Ding. Für viele oppositionelle Jugendliche zentraler Anlaufpunkt, war Kirche für mich nach meiner dortigen Sozialisation kein Thema mehr. Ich wollte selbstbestimmt sein, Kirche und Staat war für mich gleich Establishment. Speziell die Positionierung, »Kirche im Sozialismus« sein zu wollen, ging mit meiner Auffassung nicht konform. Das war mir zu staatsnah. Heute sehe ich es differenzierter.

Anfang der achtziger Jahre wurde Heavy Metal für mich zu einem bestimmenden Element. Mecke, Heiko und ich waren mit die Ersten in der entstehenden Metal-Szene in Halle. Musik, Lifestyle und Outfit war ähnlich spektakulär wie bei den Punks. Leder, Nieten, bunte T-Shirts selbstgemacht. Als Sattler hatte ich die Nieten parat, die zum perfekten Outfit gehörten. Einen dieser Nietengürtel hab ich noch heute. Komplett in Leder, so waren wir unterwegs. Exoten im grauen Alltag von Halle. Heavy Metal war pure Energie und Lebensfreude. Musik das tragende Element. NDR 2 versorgte uns mit lebenswichtigem Stoff. Die Sendungen »Musik für junge Leute« und »Der Club« waren ein Muss. Aus Ungarn holten wir uns die neuesten Platten. In Budapest gab es all die Läden und Flohmärkte, in denen wir fündig wurden. Von der extravaganten Streifenjeans bis zum T-Shirt sorgten wir danach zu Hause bei den Spießern für Aufgeregtheiten. Metal-Lifestyle war für mich gelebter Nonkonformismus.

Die Bands des aufkommenden Heavy Metals in der DDR hatten Namen wie MCB, Feuerstein oder Pharao aus Ost-Berlin. Der »Stern« in Bitterfeld war einer der angesagten Konzertsäle damals. Ab 1985 explodierte die Szene. Es gab ständig neue Bands. Auch die staatlichen Radiosender konnten sich dem nicht mehr entziehen. Auftrittsorte, wie die Betriebskantine in einem Eisenbahnausbesserungswerk, unter SED-Parolen wie »Der Sozialismus siegt!« wurden zu bizarren Konzerterlebnissen. Die Szene war nicht so politisiert, wie es bei den Punks der Fall war.

Diesig und dunkel, immer grau, so empfing uns das ökologische Notstandsgebiet Bitterfeld zu den Konzerten. Polizei und ihre Helfershelfer standen schon Spalier, wenn wir bunten Vögel aus der Regionalbahn strömten. Unser Alltag in der DDR.

In Halle gab es die Studentenklubs der Martin-Luther-Universität. Dort trafen sich Studenten und die verschiedenen Subkulturen. Wegen dieser wurde der Zugang immer stärker reglementiert. Speziell für uns Ausreiseantragsteller mit PM-12-Ersatzausweis wurde es zunehmend schwieriger, in die Klubs zu kommen. Die Kommunalwahl 1984 habe ich mit Heiko gemeinsam boykottiert. Wir wollten auch sehen, wie der Staat darauf reagiert. Als Stimmvieh zur Wahlfarce zu gehen kam für uns nicht in Frage. Wen hätten wir auch wählen sollen? Um uns den Häschern der Nationalen Front [von der SED dominierter Zusammenschluss aller Parteien, Massenorganisationen und Verbände in der DDR] zu entziehen, die dann auch bei Eltern und Großeltern nach uns Erstwählern fahndeten, sind wir

Der 20-jährige Raik Adam in Ost-Berlin, 1984

in eine Kneipe »geflüchtet«. Das Diesterweghaus, eine berüchtigte Protetenkneipe, dort waren wir sicher. Selbst die Volksbullen machten einen großen Bogen um den Laden. Im Schutz der Arbeiterklasse wurde es dann für uns ein feuchtfröhlicher Wahltag.

Meine Lehre war zu Ende, und mich hielt nichts mehr im Osten. Ich nutzte den Sommer für einen letzten Urlaub in Ungarn. Wenn Prag das Leben schon schön gemacht hatte, war Budapest fast Westen. Schön bunt, der Balaton und der Duft des Südens. Iron Maiden spielte in Budapest, über Flüsterpropaganda hatten wir das erfahren, sind hin – aber das Konzert war wohl schon Wochen vorher. Uns blieb nur, uns vor den alten Plakaten fotografieren zu lassen.

1984, nach diesem Urlaub, haben Heiko und ich den Ausreiseantrag gestellt. Der allgemeine Hinweis auf die Schlussakte von Helsinki, das ökologische Desaster in Halle mit Folgen für meine Gesundheit und dass ich den DDR-Sozialismus nicht für zukunftsfähig [hielte], waren Inhalt des Antrags. Meine Schulfreunde Gundor und René konnten schon 1984 und 1985 nach kürzester Wartezeit die DDR verlassen. Über die Junge Gemeinde der Pauluskirche hatten die beiden erfahren, dass der Milliardenkredit, vermittelt durch Franz Josef Strauß, eine Ausreise kurzfristig ermöglichte. 20 000 DDR-Bürger wurden damals so freigekauft. René und Gundor, mit dem ich zuvor noch ein paar Sprüche wie »No Future« und »Null Bock« an Hausfassaden von Abbruchhäusern verewigte, kamen Ende 83 mit der Info über diese Ausreisemöglichkeit zu mir. Mir war das damals jedoch zu schnell. Im Nachhinein falsch. Heiko musste später bis zu sechs Jahre auf seine Ausreise warten, ich anderthalb. Die Bearbeitungsmaschinerie der Abteilung für Inneres lief mit Antragstellung an. Ich wurde unter anderem frühmorgens am Firmentor mit einem Stasi-Lada zur Inneres gebracht und dann bis zu sechs Stunden in Rückgewinnungsgespräche mit Verhörcharakter verwickelt. Vom freundlichen »Man kann ja über alles reden« bis zur Repressionsandrohung war alles dabei. Diese Prozedur wiederholte sich öfter.

Reisen konnten wir immer noch. Heiko und ich fuhren oft nach Prag und versuchten, in die deutsche Botschaft zu gelangen. Aber Tschechenbullen davor vereitelten unser Vorhaben. Wir wollten die Botschaft über unseren Ausreiseantrag informieren. Wir waren weiter unterwegs, trampen und so … Speziell an solchen »Reise-Wochenenden« stand die Stasi bei meinen Eltern vor der Tür. Die hatten Angst, dass wir illegal ihre Republik verlassen. Auch auf Arbeit wurde ich teilweise über Stunden hinweg durch die Stasi in Rückgewinnungsgespräche verwickelt. Mit der Bewegungsfreiheit war es ab 1985 dann auch vorbei. PM 12! So wollten wir zum Beispiel an einem Wochenende über Nordhausen in den Wald Richtung Kyffhäuser. Noch im Zug in Nordhausen wurden wir durch die Transportpolizei einer Ausweiskontrolle unterzogen. PM 12! Reise beendet! Es hieß aussteigen. In einen Zug gesetzt. Vorläufig festgenommen. Verdacht auf illegale Einreise ins Grenzgebiet. Die Stasi wurde hinzugezogen, was wir denn vorhätten, wie es sich darstellte und wie wir es zu erklären gedächten. Zu unserem Erstaunen machten sie sich jedoch die Mühe, unsere Aussagen in Halle zu überprüfen. Unsere Eltern bezeugten, dass wir unsere Wochenenden öfter in dieser Art verbrachten. Letztendlich war die Aussage meines Arbeitgebers, der von dem Ausflug in den Harz wusste, ausschlaggebend für unsere Freilassung.

Heiko wurde zwischenzeitlich zur Armee gezogen. Meine Position war, total zu verweigern, aber Heiko ging hin. Bei mir schrillten die Alarmglocken, der nächste Einberufungstermin war Herbst 85. Ich kündigte mein Arbeitsverhältnis, um mit Mecke eine kleine leerstehende Hippiebude im Dachboden eines Altstadthauses zu beziehen. Mobiliar wurde aus Abrisshäusern in Althalle besorgt. Wir wollten uns dem ständigen Zugriff von Inneres und Stasi entziehen. Außerdem hofften wir durch das Verweigern unserer Arbeitskraft, die Ausreise zu forcieren. Im November 85, nach Ablauf meiner Kündigungsfrist, die Taschen für den Umzug waren schon gepackt, kam der Laufzettel. Ausreise genehmigt! Im Februar konnte ich die DDR verlassen, zu dieser Zeit starb mein Vater. Die Ausreise kam am Tag der Beerdigung. Zufall wahrscheinlich. Meine Familie ging zur Trauerfeier, und ich reise aus.

West-Berlin direkt stand bei mir nicht auf der Agenda. Der Plan hieß nur *raus*. Vom Auffanglager Gießen führte mich mein Weg nach Coburg in ein Übergangsheim. Zwei Wochen Bayern genügten jedoch, dann stand fest, es muss West-Berlin werden. Eine Zeitlang wohnte ich bei meinem Schulfreund René Boche. Dort entwickelten wir erste spontane Aktionen an der Mauer. Wir wohnten an der Grenze zu Kreuzberg, kamen auf den Nachhausewegen von Kneipen und Partys immer wieder an der Mauer vorbei. Ein Steinwurf hier, eine leere Flasche da, und schon war ein Wachturm »entglast« und wieder »Leben« im Todesstreifen. Die sollten wissen, dass sie auch in West-Berlin keine Ruhe vor uns haben. Für mich bedeutete West-Berlin die unbekannte Freiheit und deren Möglichkeiten kennenzulernen und auszutesten. Meine erste politische Positionierung im Westen war das große Antiwackersdorf-Festival in Bayern. Im Juli 86 protestierten hunderttausend Leute gegen die Wiederaufarbeitungsanlage. 6000 Polizisten sicherten den Ablauf und sorgten mit diversen Schikanen für Unruhe. Nach der Transitfahrt durch den Osten mit dem hochgerüsteten Grenzregime war es für uns doch irritierend, von westdeutschen Polizisten mit umgehängten Maschinenpistolen in Straßensperren intensiv kontrolliert zu werden.

1987 lernte ich Henry Krause kennen. Es entwickelte sich eine langjährige Freundschaft. Partys, Heavy Metal und zunehmend die Auseinandersetzung mit dem Osten wurden zu unserem Lifestyle. Nachdem ich ein Jahr in einer Sattlerei in Reinickendorf gearbeitet hatte, entschloss ich mich, an der Schule für Erwachsenenbildung in Kreuzberg mein Abitur nachzuholen. Ein linksorientiertes Schulprojekt, welches alternative Lernformen anbot und über ein durch uns zu zahlendes Schulgeld finanziert wurde. Ich nutzte die Zeit, um mich zu sortieren, das neue Leben kennenzulernen und vor allem viele Länder zu bereisen. Die Mauer verlor ich nicht aus den Augen. Das Ambivalente war, dass wir durchaus wussten, dass unser Leben, wie wir es in der West-Berliner Subkultur genossen, auch durch diese Mauer möglich war.

Meine Kontakte in den Osten blieben intensiv. Mein Freund Heiko, der mit mir den Ausreiseantrag gestellt hatte, ist letztlich erst Mitte 89 rausgekommen. Mecke hatte sich im Osten ein richtiges Hippieleben gegönnt, ist nicht mehr arbeiten gegangen. 1986 stellte er seinen Ausreiseantrag. Ich habe die Jungs unterstützt und nie aus den Augen verloren. Getroffen haben wir uns mehrfach auf Transit, in Ungarn und in der ČSSR. Bei dieser Gelegenheit wurden immer politische Magazine und Bücher übergeben. In West-Berlin verlor sich der Kontakt zu meinen Schulfreunden René Boche und Gundor Holesch zunehmend. Aber in meinem Wohnhaus in Neukölln wohnten einige Exilanten. Vier bis fünf Wohnungen waren von ausgewanderten Hallensern belegt. Alles junge Leute wie ich. Wir unterstützten uns solidarisch und hatten eine gute Zeit. Die Mauer lag zwei Minuten Fußweg entfernt an der Treptower Straße. Die Friedhofsruhe dort wurde nur durch gelegentliche Schüsse gestört. Man konnte sich durch einen Blick vergewissern, wir sind auf der richtigen Seite, wir sind draußen, alles ist gut.

Mit Henry erfolgte eine neue Politisierung bei mir. In die IGFM wollte ich dennoch nicht eintreten, da sie mir zu konservativ war. Aktionismus war mein Ding, halblegale, anarchische Geschichten. Es gab Demos der eher drögen Art, die sich wie zum Beispiel an jedem 13. August auf dem Adenauerplatz im Ritual erschöpften. Lass mal hundert Leute da gewesen sein. Ein paar Autonome waren da, die sich genötigt fühlten, gegen die reaktionäre IGFM anzutreten. Mit denen hatte ich am Abend zuvor in Kreuzberger Kneipen gefeiert – jetzt standen wir uns gegenüber. 1987/1988 kam es zu Aktionen, die für mich richtig interessant wurden. Auf einer Demo am 13. August am Checkpoint Charlie wurde die Konfrontation gesucht. Es kam zu verbalen Auseinandersetzungen zwischen ein- bis zweihundert Ex-Ostlern und dem aufmarschierten DDR-Grenzkommando. Letztlich zog die West-Berliner Polizei auf und drängte uns zurück. Am 17. Juni 87 veranstalteten ein paar Leute von der IGFM eine Flugblattaktion. Auf der Wiese vorm Reichstag wurden Ballons mit Helium gefüllt und an ihnen Flugblätter mit Infos zum Tag des Volksaufstandes in der DDR angebracht.

Der 17. Juni hatte schon im Osten für mich eine große Bedeutung. Selbst wir Jungen wussten, welche Parteizentrale 1953 gestürmt und welches Volkspolizeirevier in Halle angezündet wurde. Das hat uns schon imponiert, dass so was in der DDR möglich war. Für uns erschien eine Wiederholung völlig unmöglich. Als dann die IGFM-Leute in West-Berlin die Aktion vorschlugen, war das ein Anlass, sich mal wieder mit dem Thema zu beschäftigen. Habe mir gleich ein paar Bücher gekauft.

Weiß nicht, ob die Flugblätter im Osten in die richtigen Hände gelangt sind. Sie sollten als Information und Inspiration für einen »neuen 17. Juni« dienen. Aber wahrscheinlich sind die Dinger auf einem Brandenburger Acker gelandet.

Eine weitere Aktion war das Plakatekleben. In West-Berlin gab es Besucherbüros für die Einreise nach Ost-Berlin. Dort konnte man den Tagesschein abholen. In Kreuzberg, am Halleschen Ufer, war eins davon. Die Mitarbeiter dieser Büros waren allesamt Stasi-Leute. Dort klebten wir Plakate für die Befreiung Afghanistans, gegen die sowjetische Besatzung und ein fiktives Fahndungsplakat Erich Honeckers mit einer Auflistung seiner diversen Verbrechen. Die Plakataktion lief nachts, wir wollten verhindern, dass wir erkannt werden, da wir weiterhin die Transitstrecke benutzen wollten. Wie ich heute aus meinen Stasi-Akten weiß, war ich zu diesem Zeitpunkt längst zur Fahndung auf der Transitstrecke ausgeschrieben.

Wohnungsmäßig hatte ich mich zwischenzeitlich verändert und wusste nicht, wohin mit dem alten Mo-

Raik Adam wirft ein Grenzschild in Lübars (West-Berlin) um, 1988

biliar. Also flog das Zeug kurzerhand bei einer Nacht- und-Nebel-Aktion in den Todesstreifen. Zu ähnlichen Geschichten kam es auch nach Kneipenbesuchen in der »Henne« in Kreuzberg, wo die Mauer direkt auf dem Gehweg stand. Diverser Müll fand sich in der Nähe der Mauer immer.

1989 im Frühjahr kamen Andi und Mecke nach West-Berlin. Wir waren stark politisiert, Perestroika, Gorbatschow – und die DDR lag angeknockt am Boden. An den Montagsdemos in Leipzig und Halle hatten Andi und Mecke teilgenommen. Langsam, aber sicher eskalierte in der DDR die politische Situation, was wir intensiv verfolgten. Westberlin blieb ruhig, selbst mein direktes Umfeld, welches aus ehemaligen Ostlern bestand, zeigte nur wenig Interesse an den Entwicklungen. Die Leute waren mit sich beschäftigt, was offenbar ausschloss, sich der historischen Dimension der Vorgänge in Ostdeutschland gegenüber auch nur interessiert zu zeigen. Es war durchaus en vogue, die eigene DDR-Vergangenheit als etwas weit Zurückliegendes, Exotisches zu bewerten. Sich zu positionieren war also kein Thema. Die normale West-Berliner Bevölkerung verfolgte die Entwicklung im Osten wohl eher staunend und in der Annahme, es beträfe sie nicht.

Nach sechs Jahren Warten und der dann erfolgten Ausreise kam Heiko zu Besuch, er hatte sich für Westdeutschland entschieden. Erstmalig war die Gruppe wieder zusammen, und das gab uns Gelegenheit für eine gemeinsame Aktion. Im Süden Berlins am Stadtrand stand statt einer Mauer ein Grenzzaun am Todesstreifen, wie auch an der Grenze zu Westdeutschland. Mit Bolzenschneidern bewaffnet und die Dunkelheit abwartend, hieß es dann, den Zaun zu zerschneiden. Wir wollten für Irritation sorgen und zeigen: Auch von West-Berliner Seite aus muss die DDR mit Aktivitäten rechnen. Unter der Überschrift »Zaunperformance«

Nach Jahren wieder vereint: Dirk Mecklenbeck, Raik und Andreas Adam, Heiko Bartsch (v. l.) am Checkpoint Charlie, 1989

war ein Aspekt für uns auch der Spaß an der Aktion, alles im Sinne »Eure Mauer hält wohl doch keine hundert Jahre mehr!«

Die nächste Geschichte wurde für den 17. Juni geplant, dabei bedienten wir uns gerne des plakativen historischen Termins. Egon Krenz hatte kurz vorher in Peking das Massaker auf dem Platz des Himmlischen Friedens gutgeheißen und in den Ostmedien verkünden lassen. Für uns hieß es, wir mussten wieder aktiv werden. Zu banal erschien uns eine Demo an der Mauer, es musste etwas Größeres sein. Benzin besorgt, Mollis vorbereitet, getarnt, vermummt. Aus einer Senke Probewürfe gemacht. Wir wollten die Aufmerksamkeit der Turmbesatzung erregen, ohne sie selbst anzugreifen. Es waren spektakuläre Würfe. Der Postenweg stand in hellen Flammen. Verletzt sollte niemand werden, so dass wir die Würfe immer so positionierten, dass niemand im Todesstreifen zu Schaden kam. Die

Mollis waren auch so Fanal genug. – Sie bemerkten, wo wir uns befanden. Ein Grenzer riss sein Gewehr runter und hat vermutlich durchgeladen, wurde aber von seinem Kameraden zurückgehalten. Die haben sich entfernt, wir hatten unser Sixpack erfolgreich untergebracht und uns zeitnah zurückgezogen. Eine gelungene Aktion. Wichtig war uns dabei, denen zu zeigen, sie sind verwundbar und angreifbar, trotz des wahnwitzigen Allmachtsanspruchs von SED und Stasi.

Am 13. August war der Grenzwachturm an der Harzer Straße in Neukölln unser Angriffsziel, dieser hatte auch durch unsere vorhergehenden Steinwürfe bereits vergitterte Fenster. Mehrere Mollis trafen punktgenau ihr Ziel. Den Grenzern wurde vorher durch Ruf angekündigt: »Vorsicht, flach machen, hier passiert gleich was!« Die Aktion war spektakulär und verfehlte ihre Wirkung mit Sicherheit nicht. Den Tag des Mauerbaus sollte man so begehen.

Am 7. Oktober 1989, dem Tag der Republik, kam es in der Nacht in Ost-Berlin zu ausgeprägten Knüppelorgien. Unsere Reaktion war diesmal eine Plakataktion am herausragendsten Punkt der Berliner Mauer, an der Bernauer Straße, am Aussichtspunkt, ein einfamilienhaushoher Stahlturm gegenüber der Oderberger Straße. Wir hängten am 10. Oktober das Plakat auf. Aus mehreren Bettlaken zusammengenäht, vormittags bemalt und zur Bernauer Straße transportiert, vermummt von uns am Turm befestigt. Wir solidarisierten uns darauf mit den Demonstranten in Ost-Berlin und protestierten gegen den Stasi-Terror. Da wir das Plakat nachts nicht hängen lassen wollten, sollte es in den Abendstunden wieder abgenommen werden, aber bei unserer Ankunft war es schon verschwunden.

Die theoretischen Ansätze für unsere Aktionen entwickelte ich Anfang 1989, umsetzbar erschienen sie mir nur mit engsten Vertrauten wie Andi und Mecke. Aus der relativen Passivität West-Berlins heraus hielten wir es für notwendig, mit unseren Aktivitäten an der Mauer für Unruhe zu sorgen. Die Radikalität und letztendlich auch die Gefährdung, der wir uns aussetzten, war so nur in der genannten Gruppenkonstellation mit absolutem Einverständnis aller durchführbar. So konnten wir uns auch als Gruppe neu finden, wenn auch Heiko nur bei der Zaunaktion aktiv dabei war.

Wie es der Zufall wollte, oder vielleicht auch nicht, haben wir gemeinsam vom Fall der Mauer erfahren. Am 9. November vom Feiern im Yorckschlösschen in Kreuzberg kommend, trafen wir auf dem Heimweg in der U 7 einen Bekannten von den Leipziger Montagsdemos. »Die Mauer ist offen!« Zuhause den Fernseher angemacht, und tatsächlich! Wir sind umgehend zur Sonnenallee gefahren, dort stand die Mauer seit ca. 23 Uhr offen. Andi und Mecke waren gerade ein Vierteljahr im Westen, die sind in Partisanenmanier durch das Grenzspalier und haben sich im Baumschulenweg den Osten angesehen.

Die Modrow-Regierung versuchte Anfang 1990 wieder die Meinungshoheit im Osten zu erlangen, freie Presse gab es ja bis dahin nicht. Mit 500 Flugblättern im Gepäck sind wir Anfang Januar nach Halle zur Montagsdemo gefahren. Auf den Flugblättern befanden sich Geschichten von Stasi-Opfern. Wir haben uns eingemischt. Das ist das Ende der Geschichte.

Dietmar Bartz: Die Mauer, die Ausgereisten und die linksradikale Szene in West-Berlin

Wer von den aus der DDR Ausgereisten der 1980er Jahre seinen unangepassten Lebensstil auch in West-Berlin beibehalten wollte, kam unweigerlich mit der dortigen alternativen, autonomen und Selbstverwaltungsszene in Kontakt. Sie verfügte über eine entwickelte Infrastruktur aus Kneipen, Läden, Medien und Hausgemeinschaften. Dieses Soziotop gab sich zugänglich. Wer wollte, konnte ein »Plenum« besuchen und dort Kontakte knüpfen. In allen erdenklichen Kombinationen waren Basisdemokratie, Gegenöffentlichkeit, Kampf gegen den Staat und die Konsumgesellschaft oder zumindest die Verweigerung gegenüber ihren Ansprüchen anzutreffen. Existenzgründer der Öko-Szene, senatsbezahlte Streetworker, revolutionäre Streetfighter – politisch und kulturell differenzierten sich in dieser Gegengesellschaft unterschiedliche Lebensstile aus. Der anhaltende Nachzug aus Westdeutschland seit der

Hausbesetzer in der Kopischstraße im West-Berliner Stadtteil Kreuzberg beobachten die Räumung des Nachbarhauses, 1981

Hausbesetzerzeit von 1980 bis 1982 trug zu dieser Dynamik besonders bei.

Als die große Ausreisewelle des Jahres 1984 mit ihren 35 000 Übersiedlern die ersten Ex-DDR-Bürger auch in diese Szene spülte, war sie bereits so vielfältig, dass die Neuzugänge wenig beachtet wurden. Wer von ihnen sich an die Treffpunkte der Szene, z. B. im selbstverwalteten Mehringhof in Kreuzberg, begab, für den standen nicht die materiellen Verlockungen des Westens im Vordergrund. Hier waren Selbstfindung ohne Anpassungsdruck, Experimente mit Lebensformen, mit Musik, Alkohol und Drogen sowie politische Aktivitäten gefragt.

Dieses Leben war nicht teuer. Alimentierungsangebote der »Frontstadt«, die aus Westdeutschland nach West-Berlin flossen, reichten oftmals für den Unterhalt aus. Das Beantragen von »Staatsknete«: Bafög, Umschulungsgeld oder Sozialhilfe, galt in der Szene als systemfeindlicher und damit politisch korrekter Akt. Voraussetzung war, dass nichts oder möglichst wenig für das »Schweinesystem« geleistet wurde.

Viele der jüngeren Ausgereisten sammelten sich in der alternativen Schule für Erwachsenenbildung (sfe), ebenfalls im Mehringhof. Die Bildungseinrichtung, die zum Abitur führte, kannte keine Zeugnisse. Mit der Möglichkeit, Lehrer abzuwählen, stellte sie eine Reformutopie dar. Gegen Ende der 1980er Jahre bestanden einzelne sfe-Klassen mehrheitlich aus früheren DDR-Bürgern. Sie lebten von einer Kombination aus Bafög und Stiftungszuschüssen und engagierten sich beim Lernen in sehr unterschiedlichem Maße. Die externen staatlichen Abiturprüfungen wurden oft nicht abgelegt; das Bafög lief weiter. Der 1984 ausgereiste Frank Willmann schildert es so: »Die Zeit als Schüler wurde für manchen zur Basis für ein Bohemienleben, wie sie es sich an grauen Nachmittagen in der DDR ausgemalten hatten. ... (Wir) tollten bei Gelegenheit nackt durch Kreuzberg oder malten abstrakte Bilder an die Mauer.«[1]

Schon Mitte der 1980er Jahre hatte sich in West-Berlin eine Gruppe von szeneaffinen Ausgereisten gebildet, die das repressive DDR-System, aber auch die konsumorientierte Bundesrepublik ablehnten. Durch neu Ausgereiste erhielt sie einen steten Zulauf, der bis zu den Massenfluchten von 1989 anhielt. Zahlenmäßig bedeutend war diese Gruppe nie. Ihr mögen fortlaufend einige Dutzend Personen angehört haben. Innerhalb des linksalternativen Milieus exponierte sie sich kaum. Umgekehrt war die Zahl der Ausgereisten in Berlin stets so groß, dass sie nicht zwingend auf intensive Kontakte mit dem Szene-Mainstream angewiesen waren.

Möglicherweise galten auch viele ihrer Beschäftigungen als zu unpolitisch. Willmann schreibt: » ... die kreative, linke oder wehrdienstunwillige Jugend Westdeutschlands tummelte sich in der Stadt. Dennoch blieben viele Ostler unter sich, wohnten zusammen, feierten in ihren Cliquen und Stammkneipen. Sie gründeten Bands, Künstlerzirkel und Zeitungen, malten und musizierten, schrieben Gedichte, fotografierten oder drehten Super-8-Filme.«[2] In ihren vorwiegend unpolitischen Aktivitäten zeigte sich das Fremdgebliebensein der »Ostler«. In der linken Szene West-Berlins teilte niemand ihre biografischen Erfahrungen. Vielmehr überwog ein vollkommen anderes Verhältnis zur DDR.

Kreuzberg, das Zentrum der Szene, war zu rund einem Drittel von der Mauer umschlossen – der nördliche Kernbereich, nach dem alten Postzustellbezirk »SO 36« genannt, sogar zu zwei Dritteln. Die Teilung Berlins 1961 hatte diesen Stadtteil, plötzlich an der Peripherie gelegen, schnell niedergehen lassen. Hier erblühte seit den 1970er Jahren eine neue Subkultur. Die Mauer als architektonische Verkörperung der DDR war für die Zuzügler aus dem Westen eine materielle wie psychologische Tatsache, eine Rahmenbedingung im wörtlichen Sinn.

Irgendeine Art von systematischer Diskussion über die DDR, an die auch die Ausgereisten mit ihren Erfahrungen hätten anknüpfen können, gab es in dieser linken Szene nicht. Zum alltäglich erfahrenen Faktischen von Mauer und DDR kam noch das Taktische, eine quasi politische Untermauerung. Die meisten kommunistischen und undogmatischen Gruppen der 1970er sowie die Autonomen und die aus ihnen hervorgegangene Antifa der 1980er Jahre sahen im »Antiimperialismus« der DDR und der Sowjetunion einen positiven Machtfaktor. Er stellte sich den USA, der Bundesrepublik und der NATO entgegen. Zwar galten die realsozialistischen Länder etwa wegen ihres Ausbaus der Atomkraft schon vor dem Tschernobyl-GAU von 1986 nicht als Verbündete in allen Fragen. Ihre Unterstützung von Befreiungsbewegungen wurde von den Aktivisten der zahlreichen Dritte-Welt- und Solidaritätsgruppen aber positiv beurteilt.

Ähnlich gestaltete sich die Lage in West-Berlin. Einerseits brachten die Auswirkungen des Kalten Krieges und der deutschen Teilung hier einige Vorteile für die Linken mit sich – etwa den Wegfall der Wehrpflicht, oder bei den häufigen Demonstrationen und Straßenschlachten der 1980er Jahre die Möglichkeit des »Rückzugs« auf die zur DDR gehörenden Anlagen der S-Bahn in West-Berlin. Andererseits wurde die Sozialistische Einheitspartei Westberlins (SEW), ein Ableger der SED, wegen ihres Dogmatismus eher belächelt und auf gemeinsamen Demonstrationen mit Sponti-Rufen wie »Die Mauer muss weg!« geärgert. Als 1981 auf dem Todesstreifen am Bethaniengelände in Kreuzberg wieder einmal Schüsse fielen, stürmten Punks aus dem nahe gelegenen, selbst verwalteten Georg-von-Rauch-Haus und warfen unter Protestrufen Schrott, Müll und Bauholz über die Mauer.

»Reservat«, Graffito an der Mauer in der Köpenicker Straße im West-Berliner Stadtteil Kreuzberg, 3.8.1990

Aus diesem Gemenge von Widersprüchlichem und Eindeutigem ergab sich für die Szene Folgendes: Eine Destabilisierung der DDR würde letztlich zu einem Terraingewinn der imperialistischen Mächte, zu mehr Ausbeutung und zu weiterer Unterwerfung führen und den Kampf für die eigenen politischen Ziele erschweren. Individuell mochten Ausgereiste in der Szene durchaus auf Interesse an ihrem Schicksal stoßen. Aber als Gruppe blieben sie ignoriert. Die Wahrnehmung ihrer Existenz hätte Fragen nach der inneren Kohärenz der linksradikalen Weltsicht aufgeworfen. Da war es doch einfacher, die DDR als autoritären, langweiligen Nachbarn links liegen zu lassen.

Diese Situation änderte sich ab 1986 mit Gorbatschows neuer Politik und dem Erstarken der DDR-Opposition. Die grenzüberschreitenden Kontakte zwischen den oppositionellen Szenen in Ost und West nahmen zu. Angestoßen vom Bürgerrechtler Roland Jahn, der selbst 1983 zwangsausgebürgert worden war, veröffentlichte die linksalternative *tageszeitung* (taz) seit 1986 regelmäßig eine »Ost-Berlin-Seite« mit Nachrichten aus der Opposition. Ebenfalls auf Initiative von Jahn ging 1987 »Radio Glasnost« an die Öffentlichkeit, eine Sendung mit Originalbeiträgen aus der DDR. Sie wurden über die Grenze geschmuggelt und als monatliches einstündiges Programm im neu gegründeten Szene-Sender Radio 100 ausgestrahlt. Auch die Autonomen-Blätter *radikal* und *interim* begannen, Texte zur DDR zu veröffentlichen. Beide Publikationen lagen ab Mitte 1988 in der Umweltbibliothek in Ost-Berlin aus.

Im Herbst fand in West-Berlin die Jahrestagung von Internationalem Währungsfonds und Weltbank statt, die in den hochverschuldeten Ländern der Dritten Welt rigide Sparmaßnahmen zulasten der Bevölkerung durchsetzten. Während des Kongresses kam es beiderseits der Mauer zu Protesten. Ein gemeinsamer Aufruf aus Ost und West, der auch die DDR kritisierte, wurde jedoch von Vertretern des autonomen Spektrums nicht unterzeichnet. »Die sozialistischen Staaten, hieß es, seien das einzige Bollwerk gegen den Imperialismus und daher ein Schutz für den Trikont. Im übrigen würde durch sie die 3. Welt nicht ausgebeutet.«[3]

Besuche von West-Aktivisten im Osten vergrößerten die zwischenmenschliche Distanz eher. Die dortigen Verweigerungs- und Widerstandsformen, viele von ihnen unter dem Schutz der Kirche, gewaltfrei und oft mit reformerischen Zielen, lösten bei West-Berliner Autonomen Befremden aus. Die Bürgerrechte, für die die Ost-Oppositionellen eintraten, galten West-Berliner Linksradikalen als Befriedungsmanöver der »herrschenden Klasse«. Dass kirchlich organisierte Protestgruppen über Westkontakte »Bettelbriefe« an verhasste US-Konzerne wie IBM schrieben, um für ihre Arbeit Bürogeräte zu erhalten, sorgte unter Autonomen fast für Entsetzen. Umgekehrt stieß im Osten auf Unverständnis, dass sich unabhängige West-Filmemacher weigerten, Recherchen über die Umweltsituation in der DDR im von den USA finanzierten RIAS TV zu veröffentlichen.

Der Ost-Berliner Oppositionelle Wolfgang Rüddenklau beschrieb die Lage rückblickend so: »Im allgemeinen waren die Beziehungen zu den Autonomen … herzlich schlecht. Leute, die aus der DDR zu den Westberliner Autonomen stießen, berichten übereinstimmend, daß sie über ihren Widerstand gegen das Regime in der DDR nicht reden konnten. Sie stießen entweder auf hartnäckiges Desinteresse oder wurden geradewegs beschuldigt, Antikommunisten zu sein. Als 1987 die Umwelt-Bibliothek von der Staatssicherheit überfallen wurde und mehrere Mitarbeiter verhaftet worden waren, forderte das Umweltzentrum Münster auf dem westdeutschen Infoladentreffen zu einer Solidaritätsadresse auf. Das wurde von der übergroßen Mehrheit abgelehnt. Die Umwelt-Bibliothek, hieß es, sei eine antikommunistische Gruppe, die gegen den Sozialismus kämpfe und mit solchen Leuten wolle man nichts zu tun haben.«[4]

Der West-Berliner Autonome Benjamin Kaminski erinnert sich: »Klar sind wir abstrakt gegen die Diktatur der SED, gegen Militär, militärische Disziplin und Wehrpflicht, gegen die Mauer und das Reiseverbot, doch wir finden – und meiner Meinung nach gibt es auch keinen – Ansatz zum aktiven Handeln. Da liegt Nicaragua einfach näher. Gleichzeitig genießen wir in unseren Nischen in Westberlin die kleinen Vorteile der Ost-West-Konfrontation: keine Wehrpflicht und jede Menge staatliche Subventionskohle, um das Schaufenster des Kapitalismus am Leuchten zu halten. … Eine reale Auseinandersetzung mit den Verhältnissen in der DDR hätte zu viel Anstrengung bedeutet und als Projektionsfläche für revolutionäre Träume taugte sie nun ja überhaupt nicht. Da war Nicaragua einfach exotischer.«[5]

Insbesondere den Autonomen fehlte in der DDR zudem eine protestbereite »Massenbasis«. In Polen hatte die Solidarność-Bewegung 1980 kurzzeitig ein »revolutionäres Subjekt« versprochen. In der DDR war eine vergleichbare Bewegung jedoch nicht auszumachen.

Zu solchen fundamentalen Differenzen kamen Ereignisse, die die Ausgereisten als Ausdruck von Gleich-

Besetzung des westlich der Mauer gelegenen »Kubat-Dreieckes« durch linksalternative Jugendliche, Juni 1988

gültigkeit oder Ablehnung erfahren mussten. Während sich etwa die bundesrepublikanischen Grünen um Kontakte mit der DDR-Opposition bemühten, bezeichnete ihr damaliger Berliner Bundestagsabgeordneter Dirk Schneider Ausreisewillige 1984 als »Luxusflüchtlinge«. Schneider, deutschlandpolitischer Sprecher der Bundestagsfraktion und in West-Berlin Spitzenpolitiker der Alternativen Liste (AL), flog 1991 als Mitarbeiter der Stasi auf. Andere Spitzel des Ministeriums für Staatssicherheit in der AL bremsten ab etwa 1986 die Kontakte zu Ost-Oppositionellen. Im Sommer 1989 diskutierte die inzwischen zur Regierungspartei gewordene AL sogar, ob DDR-Bürger wie Nicht-EU-Ausländer zu behandeln seien und bei Einreise einen Asylantrag stellen müssten.

Als Verharmlosung des DDR-Regimes und der Teilung der Stadt konnte die Besetzung des »Kubat-Dreieckes« betrachtet werden, bei der am 1. Juli 1988 rund 200 Linksalternative, Autonome und Punks vor der West-Berliner Polizei über die Mauer flüchteten.

Das Gelände gehörte zu Ost-Berlin, ragte aber in den Westen und lag deswegen vor der Mauer. Als Teil eines Grundstückstausches sollte es an West-Berlin fallen und für den Bau einer Autobahn genutzt werden. Ein Protestbündnis besetzte das verwilderte Gelände. Als die West-Berliner Polizei am 1. Juli mit der Räumung begann, flohen die Besetzer spektakulär über Leitern in den Todesstreifen, erhielten von den Grenztruppen ein Frühstück und sodann Bahnfahrkarten zurück nach West-Berlin. Roland Jahn reagierte in der *taz* mit einem wütenden Kommentar gegen die Zusammenarbeit von Autonomen und DDR-Grenzern.

Innerhalb des linksalternativen und linksradikalen Milieus in West-Berlin lösten solche Vorwürfe keine Debatten aus. DDR und Mauer galten als Rahmenbedingungen der eigenen Existenz. Charakter und Maßnahmen der DDR lösten Unwohlsein aus, waren aber aufgrund der »objektiv fortschrittlichen Rolle« der DDR im politischen Kampf gegen Kapitalismus und Imperialismus hinnehmbar. Wer als Ausgereister ab 1984 in dieser Szene lebte, verwirklichte dort persönliche Interessen, hatte dafür aber einen Preis zu zahlen: die Ignoranz der Westler.

Anmerkungen

1 Anne Hahn/Frank Willmann: Der weiße Strich. Vorgeschichte und Folgen einer Kunstaktion an der Berliner Mauer, Berlin 2011, S. 51.
2 Ebenda.
3 Wolfgang Rüddenklau: Die westdeutsche Linke und die DDR-Opposition, in: telegraph 4/94.
4 Ebenda.
5 Benjamin Kaminski: Aufstand in Ost und West. Westberliner Autonome und die DDR, in: telegraph 1/1999 und interim Nr. 487, 4.11.1999.

Keith D. Alexander: Die DDR aus Sicht der West-Berliner Alternativen Liste

Die Standpunkte der Alternativen Liste für Demokratie und Umweltschutz (AL) zur DDR, zur Berliner Mauer und zur DDR-Opposition waren sowohl komplex als auch Veränderungen unterworfen. Dies ergab sich aus den historischen Wurzeln der AL, aus ihrer West-Berliner Herkunft, aber auch aus der Eigenart des DDR-Regimes. Eine einheitliche Haltung der Partei zur DDR hat es daher nie gegeben. Während der gesamten 1980er Jahre fanden sowohl DDR-freundliche als auch DDR-kritische Strömungen in der AL ihre Heimat.

Die AL erwuchs aus den Erfahrungen der westdeutschen Linken während des von Gerd Koenen sogenannten Roten Jahrzehnts der 1970er Jahre. Die Organisationen der radikalen Linken konnten während dieses Zeitraums keines ihrer Ziele verwirklichen. Sie verfehlten ihr Hauptziel, die Proletarische Revolution, und es gelang ihnen nicht, durch parlamentarische Repräsentation Einfluss zu nehmen. In der Tat konnten sie am Ende des Jahrzehnts noch nicht einmal ihre eigene Erosion und Auflösung verhindern.

Im Oktober 1978 taten sich enttäuschte Mitglieder einer dieser linken Organisationen, der West-Berliner Gruppe der maoistischen Kommunistischen Partei (KPD), mit Hausbesetzern, Vertretern der feministischen Bewegung und der Schwulenrechtsszene sowie einigen Umweltschützern zusammen, um die AL zu gründen. Diese neue Gruppierung – zusammengehalten durch basisdemokratische Strukturen und einen zunächst recht allgemeinen Umweltschutzgedanken – wurde die wichtigste Gruppe der politischen Linken in West-Berlin während der 1980er Jahre. Die AL ging 1979 aus den Wahlen zum Abgeordnetenhaus von Berlin unerwartet erfolgreich hervor und gewann Sitze in einigen Bezirksparlamenten, bevor sie bei der (vorgezogenen) Wahl 1981 den Einzug ins West-Berliner Abgeordnetenhaus schaffte. Die Wahlerfolge der AL hielten während der 1980er Jahre an, und die Partei ging 1989 eine Regierungskoalition mit den Sozialdemokraten ein, kurz vor dem Zusammenbruch des SED-Regimes.

Obwohl die neue Partei eindeutig linksgerichtet war, war ihre Haltung zur DDR, der Heimat des »real existierenden Sozialismus«, weit davon entfernt, eindeutig zu sein. Das war zu Teilen der Schlüsselrolle geschuldet, die die maoistische KPD bei der Gründung der AL spielte. Zwar verabscheute die KPD bis zu ihrer Auflösung 1980 den »revisionistischen« Sozialismus, den die DDR in ihren Augen verkörperte; gleichzeitig nahm sie jedoch aufgrund der Erfahrungen in den 1970er Jahren eine gewisse Offenheit an, um die unheilvolle Zersplitterung der Linken während des »Roten Jahrzehnts« zu vermeiden. Die Haltung der AL zur DDR spiegelte Überzeugungen der Ex-Maoisten, aber auch anderer linker Strömungen wider: Einerseits sah das Parteiprogramm vor, die Umweltschutz-, Menschenrechts- und pazifistische Bewegung in der DDR zu unterstützen. Andererseits brachten viele AL-Mitglieder der DDR einen gewissen Grad an Sympathie entgegen, und wenn es nur wegen des Gegengewichts war, das sie dem bot, was viele als den Materialismus der westlichen, imperialistischen Welt ansahen. Die Vielfalt und Zwiespältigkeit der AL-Positionen führte dazu, dass sich die Partei durch die 1980er Jahre hindurch in der außergewöhnlichen Lage befand, die beständigste Fürsprecherin der offiziellen DDR-Positionen zu sein, während sie gleichzeitig manchen ihrer lautstärksten und aktivsten Kritiker anzog.

Die widersprüchlichen Meinungen innerhalb der AL wurden z. B. in ihren Stellungnahmen zur Berliner

Gründungssitzung der Alternativen Liste in West-Berlin. Blick vom Podium in das Plenum, 1978

Mauer deutlich. Als Gewächs der »Inselstadt« West-Berlin kam man in der AL nicht umhin, von den Menschenrechtsverletzungen der DDR aus erster Hand zu erfahren. Dies betraf besonders die Ereignisse, die sich direkt an der Mauer abspielten, z. B. den Schusswaffengebrauch an der Grenze. So gab die Anwendung der Schusswaffe durch NVA-Soldaten im November 1986 den Anstoß für einen Antrag im Berliner Abgeordnetenhaus, der den Schießbefehl auf Flüchtlinge missbilligen sollte. Der AL-Abgeordnete Wolfgang Schenk verurteilte »solche unmenschlichen staatlichen Gewaltakte« gegen Flüchtlinge, die nur ihr grundlegendes Menschenrecht auf freie Wahl des Wohnortes ausübten. Schenk appellierte an die DDR, den Schießbefehl an der Grenze abzuschaffen und ihren Bürgern die grundlegenden Menschenrechte einschließlich der Reisefreiheit zu gewähren.

Dem Antrag stimmten jedoch nicht alle AL-Mitglieder zu. Die AL-Abgeordnete Dagmar Birkelbach gab bekannt, dass sie sich bei der Abstimmung über die Verurteilung des Schießbefehls auf Grenzflüchtlinge enthalten würde. Birkelbach begründete dies mit zwei Einwänden: Erstens hinterlasse dieser Antrag den falschen Eindruck, dass das Abgeordnetenhaus immer auf der Seite der Menschenrechte stehe, und zweitens übe dieser Antrag zu viel Druck auf die DDR aus, da die Rücknahme des Schießbefehls zur Vorbedingung für eine Annäherung gemacht werde. Ihrer Meinung nach sollte es jedoch keine Vorbedingungen für eine Entspannungspolitik zwischen Ost und West geben.

Bei diesen und anderen Anlässen betonten AL-Vertreter, wie wichtig es sei, mit der DDR-Regierung in Kontakt zu bleiben, um die Entspannung voranzutreiben. Sie folgten dabei der zeittypischen Haltung fast aller Parteien, die auf eine Annäherung und Verhandlungen der beiden deutschen Staaten hin orientierte. Gleichzeitig sollten nach Vorstellung der AL aber Menschenrechtsverletzungen auf beiden Seiten der Mauer angeprangert werden. Die räumliche Nähe zur DDR bewirkte hingegen, dass die AL die beständigen Menschenrechtsverletzungen auf der Ostseite der Mauer wahrnahm. Das führte unvermeidlich zur Desillusionierung über den Charakter des »realen Sozialismus«.

Zur Ernüchterung der AL gegenüber der DDR trug auch der entscheidende Faktor der »Vergangenheitsbewältigung« bei. Innerhalb der Linken bezog die DDR einen guten Teil ihrer Daseinsberechtigung aus dem vorgeblichen Antifaschismus und dem vermeintlich vollständigen Bruch mit der nationalsozialistischen Vergangenheit. Im Verlauf der 1980er Jahre erkannte die AL dies jedoch zunehmend als Propaganda. So verhinderten die DDR-Behörden zum Beispiel am 8. Mai 1985 einen Besuch der Abgeordnetenhausfraktion der AL in der Nationalen Mahn- und Gedenkstätte der DDR auf dem Gelände des ehemaligen Konzentrationslagers Sachsenhausen. Die AL-Fraktion hatte die Fahrt geplant, um den 40. Jahrestag der Kapitulation Deutschlands in einer eigenen Veranstaltung vor Ort zu begehen. Die DDR verweigerte der gesamten Gruppe jedoch die Einreise. Daraufhin weterte die AL gegen die Art der Vergangenheitsbewältigung in der DDR. Das Besuchsverbot mache deutlich, dass »offensichtlich auch der andere deutsche Staat erhebliche Schwierigkeiten mit der Bewältigung der deutschen Vergangenheit« habe. Das Besuchsverbot zeige, so die Erklärung der AL, dass der Antifaschismus der DDR einzig das Propagandabild von den »sowjetischen Befreiern« zulasse und »jede kritische Frage an die deutsche Geschichte unterlässt«.

Die zentrale Bedeutung, die Umweltschutzthemen zukam, besonders als die AL sich den westdeutschen Grünen annäherte, führte ebenfalls dazu, die positive Haltung der AL zur DDR zu untergraben. Umweltpolitische Themen dominierten z.B. den Teil des politischen Grundsatzprogrammes der AL, der sich mit der DDR und West-Berlin befasste. Damit zeigte sich, wie negativ die ostdeutsche Umweltproblematik die Haltung der AL zur DDR beeinflusste. Das Programm hob die Gefahren der Luftverschmutzung durch Braunkohle und die risikoreichen Atomkraftwerke in der DDR hervor. Es bestand darauf, dass es ein Recht auf eine saubere Umwelt beiderseits der Grenze geben müsse, und forderte daher eine Offenlegung der Umweltdaten. Diese galten jedoch in der DDR als Staatsgeheimnis. Das Grundsatzprogramm sprach sich auch für den ungehinderten Kontakt zwischen den Umweltorganisationen auf beiden Seiten der Mauer aus. Die AL betonte, wie sehr ihre eigenen Erfahrungen die Bedeutung von Bürgerinitiativen und des öffentlichen Austausches zu ökologischen Themen deutlich gemacht hätten.

Die AL handelte aber noch in anderer Weise gegen die offiziellen DDR-Interessen, vor allem, indem sie die Bürgerrechtler in der DDR materiell und moralisch unterstützte. Von besonderer Bedeutung war hier Roland Jahn, der heutige Bundesbeauftragte für die Unterlagen des Staatssicherheitsdienstes. Jahn, »einer der wich-

Führende Mitglieder der Grünen überreichen dem DDR-Staatschef Erich Honecker (5. v. r.) einen symbolischen Friedensvertrag und ein Plakat. Die westdeutsche Grünen-Abgeordnete Petra Kelly (2. v. r.) trägt einen Pullover mit dem Emblem der DDR-Opposition Schwerter zu Pflugscharen, Ost-Berlin, 31.10.1983

tigsten Unterstützer der DDR-Opposition« (Ehrhart Neubert), war im Juni 1983 wegen seiner Aktivitäten in der Jenaer Friedensgemeinschaft gegen seinen Willen aus der DDR ausgewiesen worden. Im Westen wirkte Jahn innerhalb der AL auf eine Unterstützung der ostdeutschen Umwelt- und Menschenrechtsgruppen hin. Durch die Arbeit in der AL konnte Jahn die erweiterten Ressourcen einer politischen Partei nutzen, ohne an Glaubwürdigkeit bei seinen Partnern im Osten zu verlieren. Die Tatsache, dass die AL eine Oppositionspartei war, schützte ihn vor der Anschuldigung, ein Mittelsmann der bundesrepublikanischen Regierung zu sein.

Neben der Veröffentlichung von Informationen zur DDR-Opposition in den westlichen Medien leistete Jahn moralische und materielle Unterstützung für deren Mitglieder. Er nutzte seine Pressekontakte im Westen, um die Aufmerksamkeit der Öffentlichkeit in der Bundesrepublik auf die Bürgerrechtler zu lenken, die von Verhaftung bedroht waren, und sie damit vor

Mitglieder der Grünen demonstrieren nach ihrem Treffen mit dem DDR-Staatschef Erich Honecker mit Transparenten, die u. a. das Symbol der DDR-Friedensbewegung zeigen, Ost-Berlin, 31.10.1983

dem Zugriff der ostdeutschen Staatsorgane zu schützen. Jahn veröffentlichte auch selber regelmäßig in den westdeutschen Medien zur Situation von Menschenrechten und Umwelt in der DDR.

Der unbestreitbare Erfolg von Jahns Bemühungen innerhalb der AL wurde durch Aktionen des Ministeriums für Staatssicherheit konterkariert. Im »Operativen Vorgang Weinberg« überwachte die Stasi Jahns Aktivitäten in West-Berlin. Alle »feindlichen Vorhaben« Jahns gegenüber der DDR sollten vereitelt sowie seine Kontakte und Verbindungen in Ostdeutschland ausfindig gemacht werden. Zudem versuchte die Stasi, Jahn in Misskredit zu bringen, indem sie ihn im SED-Parteiorgan *Neues Deutschland* als amerikanischen Agenten hinstellte.

Tatsächlich stand während der 1980er Jahre nicht nur Jahn, sondern die AL insgesamt unter Beobachtung des MfS. Es ließ der AL mehr Aufmerksamkeit zukommen als allen anderen regionalen Gruppen der Grünen in der Bundesrepublik. Das erklärte Ziel der

Stasi war, so ihr Chef Erich Mielke, durch Bespitzelung »alle Aktivitäten zur Organisierung einer politischen Untergrundtätigkeit in der DDR … festzustellen und vor allem öffentlichkeitswirksames provokatorisches Auftreten vorbeugend zu verhindern«. Damit war gemeint, dass negative Schlagzeilen über die DDR in Bezug auf Umwelt- oder andere Themen verhindert werden sollten.

Ein Vorfall in der frühen Geschichte der AL zeigt, wie sehr die DDR die mögliche Bloßstellung durch öffentliche Proteste fürchtete. Am 31. Oktober 1983 traf sich eine Delegation der Grünen, einschließlich einiger AL-Mitglieder, mit dem DDR-Staatsratsvorsitzenden und SED-Chef Erich Honecker. Nach dem Treffen entfalteten Mitglieder der Delegation Transparente mit Parolen, die die DDR-Friedensbewegung Schwerter zu Pflugscharen unterstützten und den ostdeutschen Staat zur Abrüstung aufriefen. Kamerateams der westdeutschen Sender ARD und ZDF nahmen die Demonstration auf, und einige der Beteiligten zeigten die Transparente noch am selben Tag auf einer Pressekonferenz.

Wenige Tage später beschäftigte sich ein Bericht des MfS mit Plänen, am 4. November 1983 einen weiteren Protest in der DDR durchzuführen. Mitglieder der AL hatten vor, eine Menschenkette zwischen der US-amerikanischen und der sowjetischen Botschaft in Ost-Berlin zu bilden und Petitionen an die Botschaften zu überreichen. Der Stasi zufolge wurde diese Aktion besonders von denen unterstützt, »die eine Anti-DDR-Stimmung zum Ausdruck bringen wollen«. Augenscheinlich bestärkt durch den vorhergehenden, für sie peinlichen öffentlichen Auftritt der AL in der DDR, reagierte die SED drastisch. Allen bekannten Mitgliedern und Sympathisanten der Grünen, der AL sowie linker Gruppierungen, die in der Vergangenheit die ostdeutsche Friedensbewegung unterstützt hatten, wurde die Einreise verweigert.

Solche Maßregelungen untergruben zunehmend das zumindest partiell positive Bild der DDR in der AL-Mitgliedschaft. In einem Bericht des Bundesvorstandes der Grünen zum Einreiseverbot verurteilte AL-Mitglied Rebekka Schmidt das Vorgehen als »ein(en) Verstoß gegen elementare Menschenrechte wie Freizügigkeit, persönliche Entfaltung«. Das waren jedoch nicht die einzigen Reisebeschränkungen für AL-Mitglieder. Die ostdeutschen Behörden verweigerten seit Mitte der 1980er Jahre mehreren AL-Mitgliedern nach Protesten und vereinzelten Solidaritätsbekundungen mit DDR-Oppositionsgruppen den Grenzübertritt. Auf diese Weise erwies sich das DDR-Regime selbst als sein größter Feind, der die Chancen bei einem potenziellen Verbündeten durch die eigene Politik untergrub.

Dem MfS reichte es nicht, Informationen über die AL zu sammeln, sondern sie versuchte auch, aktiv Einfluss auf die AL-Politik und die Einstellung der Mitglieder zur DDR zu nehmen. Sie rekrutierte zahlreiche inoffizielle Mitarbeiter (IM), die innerhalb der AL die Interessen der DDR voranbringen sollten. Wie nach 1990 bekannt wurde, gehörte auch Dirk Schneider (1939 – 2002) zu ihnen, Gründungsmitglied der AL und ihr Abgeordneter im Bundestag nach der Wahl 1983. In ihm hatte die DDR einen unermüdlichen Fürsprecher gefunden, der in allem, was er schrieb, die Interessen der DDR beständig beförderte. Er stellte sich auch bei Kritik aus den eigenen oder aus den Reihen der Grünen schützend vor die DDR. Oft attackierte er Angriffe auf seine Stellungnahmen als »faschistische« oder »imperialistische Tendenzen«. Schließlich sei Klaus Croissant (1931 – 2002) genannt, der gemeinsam mit einigen anderen AL-Mitgliedern die Stasi über Aktivitäten der AL zur Unterstützung der DDR-Opposition informierte und ihr auch Berichte über deren Vertreter zukommen ließ.

Es wird nie ganz zu klären sein, bis zu welchem Grad die Haltung der AL zur DDR durch IMs wie Dirk

Schneider beeinflusst wurde. In diesem Zusammenhang sind jedoch drei Dinge beachtenswert. Erstens kann die Infiltration durch das MfS allein die partielle Unterstützung der DDR durch die AL nicht erklären, vielmehr fielen die Worte von Schneider und seinen Kumpanen auch auf fruchtbaren Boden. Zweitens war die AL nicht die einzige Partei, die die Stasi zu beeinflussen suchte. Tatsächlich waren IMs in allen größeren Parteien West-Berlins zu finden. Drittens variierte die Haltung der AL gegenüber der DDR im Verlauf der 1980er Jahre ganz erheblich, unabhängig von den Versuchen der Stasi, die AL zu beeinflussen. Waren die Sympathien für die DDR innerhalb der AL in der Gründungszeit zunächst gering, setzte sich in der Mitte des Jahrzehnts eine starke Strömung in der AL – sehr zur Freude Ost-Berlins – für eine unmittelbare Anerkennung der DDR als Staat ein. Gegen Ende des Jahrzehnts nahm dann die Kritik an der SED-Politik in der AL zu.

Im Großen und Ganzen und trotz der umfangreichen Versuche, die AL zu infiltrieren, erlangte die DDR-Regierung nie die volle Unterstützung der Alternativen. Im Gegenteil bewirkte ihre Politik eine zunehmende Distanz. Die DDR-Regierung ging mit den Herausforderungen durch die AL auf die einzige Art und Weise um, die sie kannte: Sie beschränkte die Reisefreiheit und das Recht auf freie Meinungsäußerung und sie ließ Oppositionelle verhaften, womit sie das Ausmaß ihrer tatsächlichen Abwendung von der

Gründungsmitglied der Alternativen Liste und Bundestagsabgeordneter Dirk Schneider bei einer Rede im Deutschen Bundestag, 15.3.1984

deutschen Vergangenheit in Frage stellte. Sie unternahm Schmutzkampagnen gegen AL-Mitglieder und verhinderte die Veröffentlichung der Daten zur immensen Umweltverschmutzung, die durch ihre Wirtschaftspolitik verursacht wurde. Dies führte dazu, eine Partei von sich zu entfremden, die dem ostdeutschen Staat zumindest in bestimmten Fragen zugeneigt gewesen wäre. Auf vielfältige Art und Weise verspielte die DDR während der 1980er Jahre die Unterstützung und die Sympathien der AL. Dies war der konkreten Politik der DDR, aber auch dem paranoiden und repressiven Charakter des Regimes zuzuschreiben.

Ilko-Sascha Kowalczuk: Die Internationale Gesellschaft für Menschenrechte (IGFM) und das Ministerium für Staatssicherheit

Ende der 1960er Jahre kam Bewegung in die festgefahrenen Ost-West-Beziehungen. Die USA und die UdSSR begannen Abrüstungsverhandlungen. Im Kontext dieser internationalen Entspannungspolitik entwickelte sich die deutsch-deutsche Verständigungspolitik. Bevor es zwischen der Bundesrepublik und der DDR am 21. Dezember 1972 zur Unterzeichnung des Grundlagenvertrages kam, unterschrieben Bundesrepublik und UdSSR zunächst den Moskauer Vertrag vom 12. August 1970 sowie Bundesrepublik und die Volksrepublik Polen den Vertrag von Warschau am 7. Dezember 1970. Diese beiden Vertragswerke sowie das Vierseitige Abkommen (über Berlin) vom 3. September 1971 waren praktische Vorbedingungen für den deutsch-deutschen Grundlagenvertrag, der die Beziehungen der beiden deutschen Staaten regelte bzw. solche überhaupt offiziell in Gang setzte, eine Vielzahl von weiteren Verträgen nach sich zog sowie die gegenseitige staatliche Anerkennung implizierte.

Im November 1970 begannen deutsch-deutsche Regierungsdelegationen am Grundlagenvertrag zu arbeiten. Etwa zur selben Zeit wurden an der innerdeutschen Grenze die ersten Selbstschussanlagen montiert – die Grenze wurde jetzt zur noch lebensgefährlicheren Barriere. Die Gleichzeitigkeit dieser Ereignisse symbolisiert die Schwierigkeit, in die Demokraten kommen, wenn sie mit Diktaturen verhandeln. Der Bundesregierung ging es darum, den Menschen in der DDR zu zeigen, dass sie nicht vergessen dürften, dass sie für sie verhandle. Aber sie konnte nicht gleichzeitig verhandeln und die DDR unentwegt auf ihre Menschenrechtsverletzungen hinweisen. Tatsächlich sorgte die »Neue Ostpolitik« der Bundesregierung dafür, dass es zu einer Vielzahl »humanitärer Erleichterungen« für die Bewohner der DDR kam. Andererseits aber veränderte sich in der politischen Rhetorik der Bundesregierung der Ton gegenüber der DDR. Der SED wurde nicht mehr permanent vorgehalten, dass es ihr an demokratischer Legitimität fehle. Nicht wenige Gegner der SED-Diktatur fühlten sich im Stich gelassen oder zumindest unverstanden.

Vor allem auf Seiten der politischen Linken in der Bundesrepublik kam es nach der Biermann-Ausbürgerung 1976 durch die DDR zu heftigen Debatten und wachsender politischer Distanz zu Moskau und Ost-Berlin sowie zur Bildung zahlreicher Unterstützungskomitees für Oppositionelle im Osten. Die Bundesrepublik zeigte sich davon wenig beeindruckt. Die Protagonisten dieser Komitees, die linke bis linksradikale Ideologien vertraten, waren für die offizielle Ostpolitik der Bundesregierungen irrelevant. Anders sah es mit Organisationen aus, die aus der bürgerlichen Mitte der Gesellschaft gekommen zu sein schienen. Wenn sie Menschenrechtsverletzungen im Ostblock öffentlich machten, zeitigte dies eine andere Wirkung. Eine solche Organisation war die im April 1972 gegründete Gesellschaft für Menschenrechte (GFM).

Die GFM konzentrierte sich zunächst auf Menschenrechtsverstöße in der Sowjetunion. Zwar beachtete die sozialliberale Bundesregierung die GFM nicht sonderlich, jedoch fand sie rege Unterstützung und Aufmerksamkeit auf Seiten der CDU/CSU. 1976 wies die GFM rund 800 und zehn Jahre später fast 3000 Mitglieder auf. Ihre Aktivitäten waren vielfältig: Die GFM gab Einzelpublikationen und einige Periodika heraus. Sie betreute aus der Ferne Häftlinge und Ausreisewillige in der DDR. Im Westen informierte sie über das Schicksal der Betroffenen, und die Regierun-

Bundesminister für besondere Aufgaben, Egon Bahr (l.), und DDR-Staatssekretär Michael Kohl (r.) nach der Unterzeichnung des Grundlagenvertrages in Ost-Berlin, 21.12.1972

gen wurden aufgefordert, sich für ihre Freilassung oder Ausreise einzusetzen. Diese Arbeit ähnelte der von Amnesty International, die allerdings weitaus breiter ausgerichtet war.

Von 1978 bis 1981 stand der GFM mit Hellmuth Nitsche ein Mann vor, der sich in den 1970er Jahren intensiv um die Ausreise seiner Familie in die Bundesrepublik bemüht hatte. Im Frühjahr 1977 nahm ihn das Ministerium für Staatssicherheit fest, entließ ihn einige Monate später aber direkt aus der Untersuchungshaftanstalt in den Westen. Nitsche forcierte die Bestrebungen, die GFM zu internationalisieren. 1981 wurde sie in Internationale Gesellschaft für Menschenrechte umbenannt. Es kam zur Bildung zahlreicher nationaler Sektionen in vielen Staaten. Die Arbeit vollzog sich vor allem in Regionalgruppen, die über das ganze Bundesgebiet verteilt waren. Eine der Wichtigsten war jene in West-Berlin. Ihr Schwerpunkt in der Arbeit stellte die DDR dar. Sie war von der Frankfurter Zentrale ermächtigt worden, als Einzige selbständig Presseerklärungen u. ä. im Namen der GFM/IGFM herauszugeben.

Im Laufe ihrer Entwicklung kristallisierte sich sehr schnell die Lage der Menschenrechte in der DDR als das zentrale Arbeitsgebiet der GFM/IGFM heraus. Die DDR nahm schon aufgrund des besonderen Rechtsstatus, den Antragsteller auf ständige Ausreise in der Bundesrepublik beanspruchen konnten, einen Sonderrang ein. Periodika wie *Menschenrechte, Infobrief Lateinamerika, DDR-Heute, UdSSR Aktuell*, aber auch zahlreiche eigenständige Publikationen belegen das weltweite Engagement der IGFM. Dennoch blieb das Hauptarbeitsgebiet auf den Ostblock konzentriert, weil die IGFM hier über die besten Beziehungen verfügte. Die Perspektiven der Organisation auf die Lage der Menschenrechte in den verschiedenen Weltregionen waren nicht immer unproblematisch. Vor allem das Apartheidregime in Südafrika betrachtete die IGFM einseitig. In einem Zweijahresbericht von 1985/86 erfährt der Leser zwar viel über das Gewaltpotential des ANC und dass Nelson Mandela als Terrorist (!) eingesperrt sei, aber warum sich Schwarze gegen die rassistische Diktatur wehrten und welcher Gewalt sie durch die weißen Herrscher ausgesetzt waren, blieb merkwürdig unterbelichtet.[1] Gerade solche einseitigen und verharmlosenden Betrachtungen waren Wasser auf die Mühlen der IGFM-Kritiker.

Auch wenn die Haltung zur Apartheid Kritik beförderte, so wurde die IGFM in Ost und West aber vor allem wegen ihres Einsatzes für politische Häftlinge und Ausreisewillige im Ostblock und in der DDR skeptisch beäugt. In anderen Ländern setzte sich die IGFM für Häftlinge ein, wenn ihr Dritte den Fall bekanntgaben. Im Fall der DDR war dies aus zwei Gründen anders: Erstens wandten sich DDR-Bürger selbständig an die

Plakat mit dem Emblem der Internationalen Gesellschaft für Menschenrechte (IGFM), 1970er Jahre

IGFM – direkt oder über westliche Bekannte und Verwandte. Zweitens aber war das zahlenmäßige Aufkommen der Betreuten in der DDR das größte überhaupt. Jährlich behandelte die IGFM mehrere tausend Fälle von politischen Häftlingen und vor allem Ausreisewilligen. Am wichtigsten war es ihr dabei, Medienöffentlichkeit in der Bundesrepublik herzustellen und Einzelfälle besonders hervorzuheben, damit Politiker – meist

Plakat der Gesellschaft für Menschenrechte (GFM) mit der Forderung nach Freilassung politischer Gefangener in der DDR, 1981

aus dem Umkreis der CDU/CSU – auf diese »Fälle« hinzuweisen. Darüber hinaus nahm sich die IGFM besonders des Themas Familienzusammenführung an. Immer wieder initiierte sie in West-Berlin an der Mauer sowie in Bonn vor der Ständigen Vertretung der DDR öffentlichkeitswirksame Aktionen, um auf getrennte Familien, auf in der DDR gegen den Willen ihrer Eltern verbliebene Kinder hinzuweisen. Die Gesellschaft war es auch, die breit und intensiv auf das Thema Zwangsadoptionen in der DDR aufmerksam machte.

Die GFM/IGFM galt der DDR als »Feindorganisation«. Zwar listete das MfS davon viele in der Bundesrepublik und dem westlichen Ausland auf, aber kaum eine andere Gruppe wurde so intensiv von der Stasi »bearbeitet« wie diese. Seit Mitte der 1970er Jahre stand sie im Fokus der ostdeutschen Geheimpolizei. 1979 wurde die Beobachtung und Bekämpfung der IGFM in einem »Zentralen Operativen Vorgang« (ZOV) gebündelt. Dieser wurde von der Stasi-Abteilung »Zentrale Koordinierungsgruppe« (ZKG) geführt. Hinzu kamen mindestens 20 Teilvorgänge, die andere Diensteinheiten des MfS oder Stasi-Bezirksverwaltungen bearbeiteten. Die Anzahl dazugehöriger weiterer Vorgänge (IM-Vorgänge, Operative Personenkontrollen, Operative Vorgänge, Untersuchungsvorgänge) ist praktisch kaum zu ermitteln, geschweige denn zu übersehen. Die ZKG des MfS war für die Zurückdrängung und Bearbeitung der Ausreisebewegung genauso zuständig wie für die Verhinderung von Fluchtvorhaben. Sie agierte als eine Art Querschnittsabteilung und arbeitete mit allen anderen Diensteinheiten des MfS zusammen. Auf der Bezirksebene gab es Pendants. Die überaus große Anzahl der mit diesem ZOV zusammenhängenden weiteren Aktenvorgänge hängt damit zusammen, dass sich zwischen Anfang der 1970er Jahre und 1989 unübersehbar viele tausend Menschen aus der DDR an die GFM/IGFM wandten bzw. mit ihr zusammenarbeiteten. Im Kern ging es dabei um drei Anliegen: Erstens sollte die Gesellschaft auf das Schicksal aus politischen Gründen Verurteilter aufmerksam machen und zu deren Freilassung beitragen. Zweitens ging es darum, in Not geratene Ausreiseantragsteller zu unterstützen und deren Ausreise zu beschleunigen. Schließlich kam als besonders sensibler und düsterer Bereich das Anliegen hinzu, Familien wieder zusammenzuführen. Hier ging es meist darum, in der DDR verbliebene Kinder zu ihren Eltern in die Bundesrepublik nachzuholen. Dies war nicht selten notwendig, wenn die Eltern direkt aus der Haft in die Bundesrepublik entlassen worden waren.

Um ihre Ziele zu erreichen, entfaltete die GFM/IGFM eine breite Öffentlichkeitsarbeit, schaltete etwa Anzeigen in Tageszeitungen oder brachte Berichte in Fernseh- oder Radiobeiträgen unter. Besonders öffentlichkeitswirksam waren Demonstrationen vor der Ständigen Vertretung der DDR in Bonn, am Checkpoint Charlie in West-Berlin, am Brandenburger Tor oder anderen markanten Punkten der Berliner Mauer. Auch gelegentliche Hungerstreikaktionen oder Demonstrationen entlang der innerdeutschen Grenze erzielten häufig große mediale Aufmerksamkeit. Die IGFM versuchte auch mit demokratischen Parteien im Bundestag und im Europaparlament zusammenzuarbeiten bzw. auf deren Menschenrechtspolitik einzuwirken.

Diese Aktivitäten ließen sie bei SED und Staatssicherheit zu einem besonders verhassten »Feindobjekt« werden. Kaum eine andere westliche Organisation ist so systematisch und intensiv über einen so langen Zeitraum »bearbeitet«, beobachtet und bekämpft worden. Die Stasi konnte mehrere inoffizielle Mitarbeiter (IM) in die IGFM einschleusen. Immer wieder entfaltete sie Desinformationskampagnen. Westliche Redaktionen wurden mit Halbwahrheiten und Lügen bedient. Das MfS verbreitete gefälschte Schreiben mit dem Briefkopf der IGFM. Solche Angriffe blieben nicht ohne Wirkung. Immer wieder traten Mitglieder aus, weil sie nicht wussten, dass die Stasi hinter den Kampagnen stand. Zwar konnte die IGFM einige in Umlauf gebrachte Schreiben als Stasi-Fälschungen enttarnen, aber da ihr bis 1989 letzte Beweise naturgemäß fehlten, fielen ihre Dementis nicht bei allen auf fruchtbaren Boden. Neben den nachgewiesenen Zersetzungs-

Aufruf der Internationalen Gesellschaft für Menschenrechte (IGFM) zur Sternfahrt Berliner Mauer 81 und zum Protestmarsch am 13. August 1981 in West-Berlin

methoden durch die Stasi gab es die Vermutung, ein IM des MfS hätte in dessen Auftrag 1980 Bernd Moldenhauer erdrosselt. Dieser hatte 1972/73 in der DDR eine Haftstrafe wegen »Republikflucht« abgesessen. Anschließend konnte er nach West-Berlin ausreisen, wo er in der GFM aktiv wurde. Ob der Mord allerdings tatsächlich durch die Staatssicherheit veranlasst war oder ob der Mörder lediglich später einen Stasi-Auftrag vortäuschte, blieb bis heute unklar. Ein Auftragsmord ist jedoch eher unwahrscheinlich.

Nicht nur in linksradikalen und linken Kreisen galt die IGFM jahrelang als rechts bis rechtsradikal. Dazu trug die erwähnte einseitige Betrachtung der Menschenrechtslage in Südafrika ebenso bei wie ihre kritische Berichterstattung etwa über Nicaragua nach dem Sturz des diktatorischen Somoza-Clans. Zu Recht prangerte die IGFM Menschenrechtsverletzungen der neuen, sandinistischen Regierungen an, zu denen Somozas und der antisandinistischen Rebellen blieb sie zurückhaltender. Diese Positionierung seitens der IGFM führte dazu, dass in der Bundesrepublik mit und ohne Unterstützung der Stasi polemische Schriften gegen die IGFM herauskamen. Mehrere Versammlungen der IGFM standen unter Polizeischutz, auf Kirchentagen wurden Veranstaltungen mit IGFM-Vertretern »gesprengt«. IGFM-Infostände wurden von Kirchentagsbesuchern zerstört.

Während der gesellschaftliche Mainstream in den 1980er Jahren dazu neigte, die Menschenrechtsverletzungen in der DDR zu bagatellisieren oder ganz darüber hinwegzusehen, waren Gruppen wie die IGFM gesellschaftlich meist isoliert. Das machte sie zu Auffangbecken für gesellschaftliche Außenseiter, und nicht immer war die Organisation sensibel genug, Bündnispartner abzulehnen, deren Antikommunismus auf nichtdemokratischer Grundlage basierte. Das machte es ihren Kritikern leicht, aber entscheidend war das nicht. Stasi und manche linke Kritiker in der Bundesrepublik kümmerten sich nicht sonderlich um die reale Arbeit der IGFM. Sie störte es, dass die IGFM sich kompromisslos für Verfolgte im Osten einsetzte. Das machte sie aber gerade für viele Ausreisewillige besonders glaubwürdig. Und darin besteht auch ihr unzweifelhaftes historisches Verdienst. Dieses Dilemma teilte die IGFM mit anderen Organisationen, die die Menschenrechtssituation im Ostblock kritisch betrachteten und bedrängten Menschen aktiv helfen wollten.

Anmerkung

1 IGFM, Deutsche Sektion: Menschenrechte in der Welt. IGFM-Bericht 1985/86. Frankfurt am Main 1987, S. 218 ff.

Tom Sello: Die Reaktionen in der DDR auf das Massaker in Peking

In Polen wurde am 4. Juni 1989 erstmals in einem kommunistischen Regime in einer freien Wahl die Hälfte der Parlamentssitze vergeben. Die Kandidaten der systemkritischen Gewerkschaft Solidarność gewannen in einem erdrutschartigen Sieg mit einer Ausnahme alle zu vergebenden Sitze. Das war ein wichtiger Schritt hin zu einer demokratischen Gesellschaft in Polen, der gleichzeitig eine enorme Ausstrahlung auf die anderen Staaten des sowjetischen Machtbereichs hatte. In allen Staaten des Warschauer Pakts war die wirtschaftliche Lage desolat, die Bevölkerung mit der politischen Situation unzufrieden. Polen zeigte, dass Veränderungen möglich waren und noch dazu unblutig verlaufen konnten. Das Wahlergebnis nährte die Hoffnung auf weitere Reformen im kommunistischen Machtbereich. Die Sowjetunion ließ diese Entwicklungen zu und ihre Panzer in den Kasernen. War es wirklich möglich, dass sie die kommunistische Herrschaft in ihren Vasallenstaaten nicht mehr durch militärische Intervention verteidigen wollte? Konnte der sowjetische Staatschef Michail Gorbatschow, der angetreten war, die Macht der Kommunistischen Partei (KPdSU) zu retten, möglicherweise für die Ostblockländer ein Hoffnungsträger werden? Würde er auch in der DDR Reformen zulassen? Im Juni 1989 sahen sich die Ostdeutschen allerdings noch weit entfernt von einschneidenden Reformen. Hin und wieder wagten sich in Leipzig oder Berlin Demonstranten vor eine Kirchentür oder auf den Alexanderplatz und wurden sogleich von der Staatssicherheit abtransportiert. Offen war, wie sich die SED verhalten würde, wenn ihre Macht ernsthaft in Frage stand.

Überstrahlt wurden die Meldungen aus Polen in diesen Tagen von den Bildern aus Peking. In der Nacht vom 3. auf den 4. Juni 1989 walzte das Militär die chinesische Studenten- und Demokratiebewegung mit Panzern nieder. Bereits Mitte April waren Studenten auf den Platz des Himmlischen Friedens gezogen und hatten liberale Reformen in China gefordert. Die Studenten erhielten schnell Zulauf aus der Bevölkerung. Man war sich einig in den Forderungen nach Meinungs-, Presse- und Organisationsfreiheit. Medien in aller Welt berichteten anlässlich eines Gorbatschow-Besuchs Mitte Mai von bis zu einer Million Demonstranten. Die Protestierenden setzten große Hoffnungen in den Staatsbesuch und die damit verbundene weltweite Aufmerksamkeit. Denn Gorbatschow hatte in der Sowjetunion Glasnost und Perestroika (Transparenz, Öffentlichkeit und Umbau) verkündet, und es war das erste Gipfeltreffen der beiden größten und einflussreichsten kommunistischen Staaten seit Jahrzehnten. Nach Gorbatschows Abreise rief die chinesische Führung jedoch das Kriegsrecht aus und setzte der Oppositionsbewegung am 4. Juni ein blutiges Ende. Hunderte oder gar Tausende Tote und Tausende Verletzte waren zu beklagen, genaue Zahlen gibt es bis heute nicht. Die abschreckende Wirkung dieser Ereignisse sollte nach dem Willen der DDR-Führung nicht auf China beschränkt bleiben.

Das Politbüro der SED applaudierte sofort der Entscheidung, den »konterrevolutionären Aufruhr« militärisch zu beenden. Die *Junge Welt*, auflagenstärkste Tageszeitung in der DDR, kommentierte: »In der Nacht vom 3. zum 4. Juni begann eine extreme Minderheit konterrevolutionärer Elemente im Herzen Pekings, auf dem Tian An Men, Platz des Himmlischen Friedens, einen brutalen und gefährlichen Aufruhr zu entfachen, der die ganze Volksrepublik China in eine kritische Lage brachte.«[1] Ähnliches war in allen anderen DDR-Medien zu vernehmen, da diese dem direkten Einfluss der SED-Führung unterstanden. Bereits in den vorhergehenden Wochen hatte man von Unruhestiftern berichtet, die angeblich jedoch eine Minderheit ohne Rückhalt in der Bevölkerung darstellten. Die Forderungen der chinesischen Studenten nach mehr Demokratie wurden verschwiegen. Um das Massaker zu rechtfertigen, nannte man die Demonstranten Provokateure oder, wie DDR-Chefdemagoge Karl-Eduard von Schnitzler »konterrevolutionäre Mörder«, die die sozialistische Ordnung hätten stürzen wollen.

Während die brutale Niederschlagung der Demokratiebewegung weltweit mit Erschütterung aufgenommen und verurteilt wurde, traf in der offiziellen DDR das vernichtende Urteil die Opfer des Massakers. So erklärte am 8. Juni 1989 das Scheinparlament der DDR: »Die Abgeordneten der Volkskammer stellen fest, daß in der gegenwärtigen Lage die von der Partei- und Staatsführung der Volksrepublik China beharrlich angestrebte politische Lösung innerer Probleme infolge der gewaltsamen, blutigen Ausschreitungen verfassungsfeindlicher Elemente verhindert worden ist.« Die Zustimmung zum Vorgehen der chinesischen Regierung war ein deutliches innenpolitisches Signal: eine Warnung an die Unzufriedenen im eigenen Land, dass eine »chinesische Lösung« in der DDR nicht undenkbar wäre.

Dennoch ließ sich die Empörung über das Massaker nicht unterdrücken. Am 6. Juni 1989 versammelten sich erstmals knapp 30 Menschen vor der chinesischen Botschaft in Ost-Berlin, um ihre Solidarität mit den chinesischen Studenten zu demonstrieren. Sie wurden verhaftet, verhört und mit Ordnungsstrafen belegt. Zu den Initiatoren der Aktion gehörte eine Gruppe von jungen Leuten, die sich von der Ausbildung zum Sozialdiakon beim Kirchlich-diakonischen Lehrgang (KdL) auf dem Gelände der Stephanus-Stiftung in Berlin-Weißensee kannten. Diese Jugendlichen gehörten zu den aktivsten Ost-Berlinern in der Revolution von 1989. Sie gingen bereits 1988 mit ihrer Kritik gegen die Zensur von Kirchenzeitungen auf die Straße, organisierten Kontrollen von Wahlbüros und halfen die Fälschung der Kommunalwahlen am 7. Mai 1989 aufzudecken. Einige der vor der chinesischen Botschaft Festgenommenen waren bereits am folgenden Tag wieder unter den Verhafteten, als eine Demonstration gegen die Wahlfälschung aufgelöst wurde.

Die Opposition blieb mit ihrem Protest nicht allein. Mit Unterschriftensammlungen, in Briefen und Telegrammen wandten sich Ostdeutsche an die chinesische Botschaft. Das Ministerium für Staatssicherheit (MfS) dokumentierte zahlreiche Protestschreiben, die an die DDR-Führung und deren gleichgeschaltete Medien adressiert waren. Dabei wurden die Reaktionen der Volkskammer und der SED-Führung ebenso kritisiert wie die Berichterstattung über das Massaker.

Die Abteilung M, beim MfS zuständig für die Postkontrolle, hatte am 9. Juni bereits 63 solcher Schreiben abgefangen. Im Laufe der folgenden Wochen sollten es Hunderte werden. Der Stellvertreter des Leiters der Abteilung, Oberst Rudolf Hundshagen, berichtete, dass die Verfasser »das Vorgehen bewaffneter Kräfte in der chinesischen Hauptstadt verurteilen und eine friedliche, mit politischen Mitteln errungene Lösung des Konflikts sowie eine objektive Berichterstattung durch die DDR-Medien« forderten. Das MfS rechnete nach der Veröffentlichung der Volkskammererklärung mit verstärkten Protesten gegen die Haltung der DDR. Erschüttert zeigten sich die Verfasser der Protestschreiben insbesondere »über das ›Brutale Vorgehen‹ der Streitkräfte und darüber, daß in einem sozialistischen Land ein derartiges Einschreiten gegen die eigene Bevölkerung überhaupt möglich sei. Es ist die Rede davon, daß diese ›Ausschreitungen mit der Würde und politischen Kultur eines sozialistischen Landes unvereinbar‹ seien.« Bemerkenswert war zudem, dass die meisten Erklärungen mit Namen und Adresse versehen waren, die Absender also vom MfS identifizierbar sein wollten.[2]

Die Geheimpolizei überwachte auch den privaten Briefverkehr. Als repräsentativ zitierte Hundshagen

Aufruf zur Solidaritätsbekundung mit der chinesischen Demokratiebewegung im Ost-Berliner Stadtteil Prenzlauer Berg. Teilnehmer der Aktion wurden festgenomen, verhört und mit Ordnungsstrafen belegt. Der Leiter eines Jugendklubs, in dem das Flugblatt verteilt worden war, wurde entlassen, 9.6.1989

folgende Stellungnahme: »Beim Aufschlagen des ND [SED-Zentralorgan *Neues Deutschland*] heute morgen sah ich eine Hauptüberschrift ›Volksbefreiungsarmee Chinas schlug konterrevolutionären Aufruhr nieder‹. Und als ich den Artikel gelesen habe, dachte ich nur, wie kann ein Land seine Bürger so falsch informieren. Ich habe die Bilder von gestern im Fernsehen im Auge.

Und da kann man nur einen Schreikrampf kriegen, bei so viel Lüge. ... wenn ein sozialistisches Land, ein kommunistisches Land, so gegen seine Bürger vorgeht, kann ich an dieser Art von Regierung nur zweifeln. ... Ich habe gesehen, und die Aufnahmen waren nicht gestellt oder zusammengeschnitten, wie Panzer einfach über die Menschen drübergefahren sind, wie Soldaten

Der stellvertretende DDR-Staatschef und Sekretär des ZK der SED, Egon Krenz (r.), wird bei seinem Besuch in Peking vom Generalsekretär der KP Chinas, Jiang Zemin (l.), begrüßt, September 1989

auf fliehende Menschen geschossen haben, sie von hinten erschossen haben.«³

Die chinesische Führung, unbeeindruckt von den weltweiten Protesten, verhängte landesweit Haftstrafen sowie zahlreiche Todesurteile. Die Position der SED-Führung blieb ebenso eindeutig. DDR-Außenminister Oskar Fischer bekundete am 12. Juni 1989 gegenüber seinem chinesischen Amtskollegen »die Solidarität und Verbundenheit mit der Volksrepublik China«. Wenig später reiste Hans Modrow, Mitglied des Zentralkomitees der SED sowie SED-Chef im Bezirk Dresden, nach China. SED-Politbüromitglied Günter Schabowski war Mitte Juli in Peking zu Gast und eröffnete am 7. September die »Pekinger Tage« in Ost-Berlin. Anlässlich der Feierlichkeiten zum 40. Jahrestag der Volksrepublik brach schließlich Ende September 1989 Egon Krenz zu einer sechstägigen Reise nach China auf. Krenz war zu diesem Zeitpunkt Stellvertreter des Staatsratsvorsitzenden der DDR und damit der potentielle Nachfolger Erich Honeckers an der Spitze der DDR.

Angesichts der zuvor eher seltenen Kontakte zu den chinesischen Kommunisten mussten die permanenten

Am Rande des Evangelischen Kirchentages in Leipzig zeigen Demonstranten offen ihre Solidarität mit den chinesischen Studenten, 9.7.1989

Solidaritätsbekundungen als ein deutliches Signal an die Opposition im eigenen Land gesehen werden.

In einer gemeinsamen Erklärung konstatierten 25 Oppositionsgruppen aus der gesamten DDR »die generelle Ablehnung von Demokratiebestrebungen« durch die DDR-Führung. Reinhard Weißhuhn, Ulrike und Gerd Poppe von der Initiative Frieden und Menschenrechte (IFM) folgerten, »dass die Kommentierung der Ereignisse in den DDR-Medien den Schluss zulässt, dass auch die DDR-Führung im Falle von Demonstrationen mit Waffengewalt vorgehen könnte«.[4]

Das Mitgefühl für die Opfer und die Proteste gegen das Massaker ließen sich jedoch genauso wenig unterdrücken wie zunehmende Forderungen nach demokratischen Veränderungen in der DDR. Nachdem aus Peking die ersten Hinrichtungen gemeldet worden waren, trafen sich am 22. Juni 1989 etwa 50 vor allem junge Leute im Ost-Berliner Stadtteil Pankow nicht weit entfernt von der chinesischen Botschaft. Sie forderten den sofortigen Rücktritt der chinesischen Führung und gaben ihrem Entsetzen über die Fortsetzung des Terrors Ausdruck. Volkspolizei und Staatssicherheit verhinder-

Aufruf der Kirche von Unten (KvU) zum Protesttrommeln gegen das Massaker in China, Ende Juni 1989

ten die Übergabe eines Briefes an den Botschafter. Alle Demonstranten wurden festgenommen, stundenlang verhört, teilweise gedemütigt und misshandelt. Sie erhielten Ordnungsstrafverfügungen und mussten wegen »Beeinträchtigung der öffentlichen Ordnung und Sicherheit« Geldstrafen zahlen.[5]

Die Auseinandersetzungen um die adäquate Reaktion auf die entsetzlichen Ereignisse in China waren von Beginn an Teil der politischen Konflikte in der DDR. Jede Kritik an der chinesischen Führung bedeutete automatisch Kritik an der SED. Die SED-Führung hatte sich mit ihrer Haltung, die selbst in den eigenen Reihen auf Unverständnis und Ablehnung stieß, wieder einmal bloßgestellt. Die Opposition nutzte die Gelegenheit zur Mobilisierung für ihre Forderungen.

Michael Heinisch befürchtete, »daß unsere innenpolitischen Konflikte den eigentlichen Schmerz um die Ereignisse in China verdecken könnten«, und rief zum Trommeln und Fasten in der Ost-Berliner Erlöserkirche auf. 72 Stunden wurde dort ununterbrochen die Trommel geschlagen. Die Aktion fand Zulauf und wurde in der Samariterkirche und bei der Elisabethkirche fortgesetzt. Wenige Tage später verteilten die Protestierer in Dresden Handzettel: »sonntag 9.7.89 kreuzkirche 15 bis 18 uhr trommeln für peking - trommeln, bongos und nerven mitbringen«. Etliche Besucher, die an diesem Sonntag zur Kreuzkirche gehen wollten, wurden bereits zu Hause oder auf dem Weg dorthin festgenommen.[6]

Am vorhergehenden Abend malten Gerold Hildebrand von der Ost-Berliner Umwelt-Bibliothek und Rainer Müller, Sprecher des Leipziger Arbeitskreises Gerechtigkeit, zwei Transparente – das eine mit der Aufschrift »Nie wieder Wahlbetrug«, das zweite mit den chinesischen Schriftzeichen für »Demokratie«. Am Sonntag trugen Leipziger Oppositionelle die beiden Transparente an den 50 000 Besuchern der Abschlussveranstaltung des Leipziger Kirchentages vorbei. Als Vertreter oppositioneller Gruppen ihre Solidarität mit der chinesischen Demokratiebewegung auch über das Mikrofon zum Ausdruck bringen wollten, wurde ihnen das von den Veranstaltern verweigert. Daraufhin formierte sich spontan ein Demonstrationszug von ca. 1000 Personen zur Leipziger Innenstadt. Die Staatssicherheit blockierte mit einer Straßenbahn die Straße, beschlagnahmte die Transparente und nahm zahlreiche Demonstranten fest.

So ernsthaft die Themen der Opposition waren, hatte es auch einen gewissen Reiz, der maroden Diktatur immer wieder Nadelstiche zu versetzen. Im Sommer 1989 befürchtete kaum einer derjenigen, die sich zum Protest auf die Straße wagten, dass mit Waffen gegen sie vorgegangen würde. Dazu waren sie zu wenige. Dass ihre Forderungen nach demokratischen Veränderungen abgelehnt wurden, bekamen manche Festgenommenen dennoch auch körperlich zu spüren. Anders gestaltete sich die Situation, als im September und Oktober 1989 in Dresden, Leipzig, Berlin, Plauen oder Halle Polizisten auf offener Straße mit Schlagstöcken, Wasserwerfern und Räumfahrzeugen brutal gegen immer zahlreichere Demonstranten vorgingen, unterstützt durch Staatssicherheit, FDJ-Ordnungsgruppen und Feuerwehr. Allein in Berlin wurden 1200 Personen festgenommen. Unter diesem Eindruck diskutierten zumindest in Ost-Berlin einige jugendliche Demonstranten aus Oppositionskreisen, ob man sich gewaltsam oder gar bewaffnet verteidigen sollte. Eine ernstzunehmende Option war das jedoch nie. Ein Teil der Bürgerbewegung hatte seine Wurzeln in der Friedensbewegung, und viele Oppositionelle waren kirchlich geprägt. Die scheinbare Schwäche, sich dem Gegner mit all seinem militärischen und paramilitärischen Gewaltpotential ausschließlich gewaltfrei entgegenzustellen, wurde inzwischen längst als die eigene Stärke definiert. Getragen wurde dieser Konsens auch von denjenigen Oppositionellen, die sich nicht als Pazifisten verstanden. Nicht umsonst war »Keine Gewalt!« eine der häufigsten Parolen dieser Tage.

Am 9. Oktober 1989 verbreiteten sich Gerüchte, dass im Vorfeld der Leipziger Montagsdemonstration Hundertschaften um Leipzig zusammengezogen und Krankenhäuser für die Aufnahme von Verletzten vorbereitet würden. Die Furcht vor einer Eskalation wie auf dem Platz des Himmlischen Friedens war groß. In der Ost-Berliner Gethsemanekirche war die Stimmung ebenfalls spannungsgeladen. Erst am Abend kam die erlösende Nachricht aus Leipzig, dass 70 000 Menschen unbehelligt durch die Innenstadt demonstrierten. Die SED-Führung war im entscheidenden Moment gespalten, unentschlossen und handlungsunfähig. Als die Teilnehmer des Informationsgottesdienstes erlöst vor die Tür traten, hatte sich die Bereitschaftspolizei auch aus den Straßen um die Gethsemanekirche zurückgezogen.

Anmerkungen

1 Zitiert nach Die Chinesische Lösung, hrsg. von der Bundeszentrale für politische Bildung und der Robert-Havemann-Gesellschaft e. V., letzte Änderung September 2008, www.jugendopposition.de/index.php?id=208.
2 Zitiert nach BStU, MfS, HA II, Nr. 25716, S. 34 und 37.
3 BStU, MfS, HA II, Nr. 25716, S. 38.
4 Zitiert nach Ilko-Sascha Kowalczuk: Endspiel. Die Revolution von 1989 in der DDR, München 2009, S. 340.
5 Archiv der DDR-Opposition, RHG EP 09.
6 Ebenda.

Anhang

Zeitzeugen

Raik Adam, Jahrgang 1964, lebt heute am Stadtrand von Berlin und ist seit 25 Jahren Inhaber eines mittelständischen Unternehmens

Andreas Adam, Jahrgang 1969, lebt in Berlin-Rudow und ist in leitender Position im Unternehmen seines Bruders tätig

Dirk Mecklenbeck, Jahrgang 1966, lebt heute in Berlin-Steglitz und ist freischaffender Künstler

Heiko Bartsch, Jahrgang 1965, lebt in einem Vorort von Halle und ist als Außendienstmitarbeiter tätig

René Boche, Jahrgang 1964, wohnt in München, Beruf: Lebenskünstler

Gundor Holesch, Jahrgang 1965, wohnt in Halle, arbeitsloser Punk und Lebenskünstler

Andreas D., Jahrgang 1960, lebt heute in Jena und ist Privatier

Literatur

Michael Boehlke/Henryk Gericke (Hg.): Too much future. Punk in der DDR, Bundeszentrale für politische Bildung und Robert-Havemann-Gesellschaft e.V., September 2008

Die Chinesische Lösung, hrsg. von der Bundeszentrale für politische Bildung und der Robert-Havemann-Gesellschaft e.V., letzte Änderung September 2008, www.jugendopposition.de/index.php?id=208

Anne Hahn/Frank Willmann: Der weiße Strich. Vorgeschichte und Folgen einer Kunstaktion an der Berliner Mauer, Berlin 2011

IGFM, Deutsche Sektion: Menschenrechte in der Welt. IGFM-Bericht 1985/86. Frankfurt am Main 1987, S. 218 ff.

Benjamin Kaminski: Aufstand in Ost und West. Westberliner Autonome und die DDR, in: telegraph 1/99 und interim Nr. 487 vom 4. November 1999

Ilko-Sascha Kowalczuk: Endspiel. Die Revolution von 1989 in der DDR, München 2009

Sven Korzilius: »Asoziale« und »Parasiten« im Recht der SBZ/DDR. Randgruppen im Sozialismus zwischen Repression und Ausgrenzung, Köln 2005

Metal-Musiker im Visier der Staatssicherheit. Wie die DDR mit Subkultur umging, nmz – neue musikzeitung, Regensburg o. J.

Wolf-Rüdiger Mühlmann: Der Hetzer von Breitungen. Heavy-Metal-Fans im Visier des Geheimdienstes, Metalzeitschrift RockHard, o. J.

Wolfgang Rüddenklau: Die westdeutsche Linke und die DDR-Opposition, in: telegraph 4/94

Martin Sabrow (Hg.): 1989 und die Rolle der Gewalt, Göttingen 2012

Mark M. Westhusen: Zonenpunkprovinz. Punk in Halle (Saale) in den 80er Jahren, Landeszentrale für politische Bildung und des Landesbeauftragten für die Unterlagen des Staatssicherheitsdienstes der ehemaligen DDR in Sachsen-Anhalt, Halle 2005

Stefan Wolle: Die heile Welt der Diktatur. Alltag und Herrschaft in der DDR 1971 – 1989, Berlin 1998

Quellennachweis

Archiv der DDR-Opposition:
RHG, EP 09

Bundesbeauftragter für die Unterlagen des Staatssicherheitsdienstes der ehemaligen DDR (BStU):
MfS, ZKG, Nr. 5431 (Überwachung Raik Adam)
MfS, BV Halle, KD Halle, HA VI, Nr. 148/87 (Überwachung Raik Adam)
MfS, BV Halle, KD Halle-Neustadt, Nr. 4491 (Überwachung Heiko Bartsch)

MfS, BV Halle, KD Halle-Neustadt, Nr. 817 (Überwachung Heiko Bartsch)
MfS, ZKG, Nr. 920 (Überwachung Heiko Bartsch)
MfS, HA XV, Nr. 4736/86 (Überwachung Heiko Bartsch)
MfS, BV Halle, Nr. 199 (Überwachung Andreas Adam)
MfS, ZKG, Nr. 996 (Überwachung Andreas Adam)
MfS, BV Halle, Nr. 1389, Teil 2 (Überwachung Andreas Adam)
MfS, BV Halle, BKG, Nr. 415 (Überwachung Dirk Mecklenbeck)
MfS, ZKG, Nr. 12095 (Überwachung Dirk Mecklenbeck)
MfS, BV Karl-Marx-Stadt, Nr. 2070/86 (Festnahme Dirk Mecklenbeck)
MfS, BV Halle, AOPK Halle, Nr. 1556/88 (Überwachung René Boche)
MfS, BV Halle, BKG, Nr. 1720 (Überwachung René Boche)
MfS, ZKG, Nr. 5248 (Überwachung René Boche)
MfS, BV Halle, BKG, Nr. 2991 (Überwachung Gundor Holesch)
MfS, HA IX, Nr. 16176 (Überwachung Henry Krause)
MfS, Allg. S., Nr. 274/83 (Überwachung Henry Krause)
MfS, BV Halle, BKG, Nr. 678 (Überwachung Marktkirche in Halle)
MfS, BV Halle, Nr. 3293/86 (IM »Vera Stein«)
MfS, KD Halle, Abt. XX, IM-Vorgang VIII 1189/79 (IM »Vera Stein«)
MfS, KD Halle, Abt. XX 15, IM-Vorgang VIII 727/86 (IM »Susanne Kurz«)
MfS, KD Halle, IM-Vorgang VIII 1011/86 (IM »Heinrich Bock«)
MfS, KD Halle, IM-Vorgang VIII 1326/82 (IM »Andreas Fuchs«)
MfS, BV Halle, BKG, Nr. 903 (Anwerbung eines IMs in West-Berlin)
MfS, BV Halle, KD Halle, HA VIII, Nr. 1460/88 (IM-Bericht zur Heavy-Metal-Szene)
MfS, BV Halle, Nr. 1514 (Heavy-Metal-Szene in Halle, Überwachung, Analysen und Vorgehensweisen)
MfS, BV Halle, KD Bitterfeld, Nr. 299 (Heavy-Metal-Szene in Bitterfeld)
MfS, HA I, Nr. 14773 (Analyse zur Lage an der Grenze zu West-Berlin)
MfS, HA I, Nr. 5760 (Analyse zu Vorkommnissen an der Grenze zu West-Berlin)
MfS, HA I, Nr. 15368, Teil 1 (Stimmungs- und Meinungsbild im Personalbestand der NVA und der GT/DDR)
MfS, BV Halle, BKG, Nr. 91 (Gutachten zur IGFM)
MfS, HA I, Nr. 15288 (Vorkommnisse an der Grenze zu West-Berlin)
MfS, HA I, Nr. 3568 (Vorkommnisse an der Grenze zu West-Berlin)
MfS, HA I, Nr. 3454 (Vorkommnisse an der Grenze zu West-Berlin)
BStU, MfS, HA II, Nr. 25716

Bundesarchiv-Militärarchiv, Freiburg:
DVH 32/112553 (Angriff auf Wachturm)
DVH 32/112548 (Sammelberichte zur Zerstörung von Grenzanlagen)
DVH 32/112549 (Angriff auf Grenzanlagen und -soldaten)
DVH 32/112553 (Plakataktion Bernauer Straße)

Bildnachweis

Privatbesitz Andreas Adam: 34, 40, 83 r.
Privatbesitz Heiko Bartsch: 22, 23, 33
Privatbesitz René Boche: 92
Privatbesitz Raik Adam: 13, 21, 28, 60–65, 71, 77–80, 84 r. – 88, 94, 97, 98
Bildarchiv Preußischer Kulturbesitz, Jürgen Moll: 104
BStU: 43–47, 49 f., 56, 67–69, 76, 81, 82, 83 l., 84 l.
Bundesarchiv: 115–117
Bundesarchiv, Engelbert Reinecke: 102
Bundesarchiv, Peter Zimmermann: 122
Bundesregierung, Lothar Schaack: 112, 114
Privatbesitz Gundor Holesch: 15
Steffen Klotz: 54
Privatbesitz Dirk Mecklenbeck: 11 f., 16, 19, 26 f., 41, 48, 51, 91
Robert-Havemann-Gesellschaft: 121, 123, 124
ullstein bild, Günter Peters: 100
ullstein bild, Mehner: 107, 109, 110

Autoren

Ole Giec
1967 in Leipzig geboren, aufgewachsen in Bitterfeld. Er arbeitete als Schlosser und floh 1989 über die Deutsche Botschaft in Budapest in die Bundesrepublik. Nach einem Dramaturgiestudium an der Hochschule für Film und Fernsehen in Potsdam arbeitet er als Kolumnist, Prosa- und Drehbuchautor. Auszeichnungen erhielt er u. a. für die Drehbücher zu »Pingpong« (2006, Filmfestival Cannes – Drehbuchpreis der SACD, Förderpreis Deutscher Film – Bestes Drehbuch) sowie zu »Shahada« (2009, Wettbewerbsbeitrag Berlinale 2010, Drehbuchpreis Studio Hamburg).

Frank Willmann
1963 geboren, aufgewachsen in Weimar. 1984 konnte er nach West-Berlin ausreisen. 1986 war er einer von fünf Akteuren der Kunstaktion »Der weiße Strich«. Mit dieser Aktion, bei der die Mauer von West-Berlin aus mit einem weißen Strich versehen wurde, wollte die Gruppe auf die im Westen kaum noch beachtete Fortexistenz des Grenzregimes aufmerksam machen. Frank Willmann schreibt Lyrik und Romane, ist Fußballexperte und Subkulturforscher. Zahlreiche fußballhistorische Veröffentlichungen und Kolumnen in Zeitungen und Magazinen zeugen von seiner Leidenschaft.

Hendrik Rosenberg
1971 in Demmin geboren, aufgewachsen in der ostthüringischen Bezirksstadt Gera. Hier entdeckte er seine Liebe zu »harter« Rockmusik und wurde Heavy-Metal-Fan. 1987 begann er eine Ausbildung zum Triebfahrzeugschlosser bei der Deutschen Reichsbahn, seit November 1991 ist er bei der Deutschen Bahn als Lokführer tätig. Anfang 2003 gründete Rosenberg die Webseite »Ostmetal« über den Heavy Metal aus der DDR und Ostdeutschland.

Dietmar Bartz
1957 in Duisburg geboren, ist ausgebildeter Archivar und Journalist. In den 1980er Jahren war er Redakteur der *tageszeitung* (taz) in Berlin. Nach der Wiedervereinigung leitete er das Wirtschaftsressort der *Wochenpost*, arbeitete vier Jahre lang als Wirtschaftskorrespondent in der Slowakei und ging dann als Chef vom Dienst zu *mare* und *Vanity Fair*. 2013 gewann er mit einem Artikel über den Film »Bitteres aus Bitterfeld«, 1988 illegal in der DDR gedreht, den Publikumspreis des Wikipedia-Schreibwettbewerbs.

Keith D. Alexander
1969 geboren, ist Assistant Professor für Geschichte an der Shepherd University. Nach seinem ersten Abschluss (BA) an der Penn State University 1992 arbeitete er in Washington DC als Spezialist für Umweltpolitik. An die Hochschule zurückgekehrt, erwarb er 1996 den Master- und 2003 den Doktortitel (PhD) an der University of Maryland. In den Jahren 1996–1997 und 2000–2001 hielt er sich in Deutschland auf, um zur Geschichte der Alternativen Liste zu forschen. Von 2003 bis 2005 arbeitete er am Deutschen Historischen Institut in Washington.

Ilko-Sascha Kowalczuk
1967 in Ost-Berlin geboren, absolvierte er eine Ausbildung zum Baufacharbeiter. Auf Grund seiner politischen Einstellung wurde ihm die Zulassung zum Studium verweigert. Ab 1990 studierte er Geschichte an der Humboldt-Universität zu Berlin und promovierte an der Universität Potsdam mit einer Studie zur DDR-Hochschulpolitik. Seit 2001 ist er leitender wissenschaftlicher Mitarbeiter beim Bundesbeauftragten für die Unterlagen des Staatssicherheitsdienstes der ehemaligen DDR.

Tom Sello
1957 in Meißen geboren, aufgewachsen in Großenhain. Nach Ausbildung und Wehrdienst arbeitete er u. a. als Maurer in Ost-Berlin. Seit Anfang der 1980er Jahre engagierte er sich in oppositionellen Friedens- und Ökologiegruppen und schrieb in verschiedenen Samisdat-Zeitschriften. 1989 war er an der Besetzung der Zentrale des Ministeriums für Staatssicherheit beteiligt. Seit 1993 ist er wissenschaftlicher Mitarbeiter der Robert-Havemann-Gesellschaft. Er war Kurator der Ausstellung zur Friedlichen Revolution auf dem Berliner Alexanderplatz im Jahr 2009.